平凡社新書
789

安倍「壊憲《かいけん》」を撃つ

小林節
KOBAYASHI SETSU
佐高信
SATAKA MAKOTO

HEIBONSHA

安倍「壊憲《かいけん》」を撃つ●目次

はじめに

今、私たち日本国民はとんでもない事態に直面している。つまり、主権者国民から一時的に国家権力を預かっているに過ぎない権力担当者(政治家以下の公務員)に対して主権者が課した最上位の制約(憲法)を権力者が公然と無視して憚《はばか》らない事態(=安倍『壊憲《かいけん》』)である。

憲法九条は、一項で戦争を放棄し、二項で軍隊の不保持と交戦権の否認を明記している。つまり、現行憲法の下で、わが国は、海外で国際法上の「戦争」を遂行する手段(軍隊)と資格(交戦権)を持っていない。だから、歴代自民党政権により「海外派兵の禁止」が厳守されてきた。

もちろん、だからといって、他国がわが国を侵略しようとした場合に無抵抗でその国の植民地に成り下がる理由はない。私たちの運命は私たちが決めることで、それを他国の軍事力によって決められる謂《いわ》れはない。そこで、わが国は、憲法によって禁じられた軍隊ではない第二警察(警察予備隊)である自衛隊を整備して、万一、他国が侵攻してきた場合に、わが国の領域（領土、領海、領空）と周辺（公海、公空）のみを戦場にして追い払う「専守防衛」を国是としてきた。

ところが、安倍政権は、現行憲法九条の条文を改正しないままで、海外で戦争を遂行している米軍を支援するために自衛隊を派遣する……という政策を提案し、国会内における多数を頼んでその実現に邁進《まいしん》している。

しかも、安倍政権は、それが憲法九条および政府による従来の憲法解釈と矛盾しないと「思う」と強弁している。

これはまさに「憲法の危機」である。この国の主《あるじ》という資格を国民から安倍首相が取り上げようとする暴挙である。つまり、安倍首相は「独裁者」になろうとしている。

だから、かつてないほどに広範囲の国民が「アベ政治を許さない」と言って立ち上がっている。私が尊敬する佐高信先生も私も立ち上がった。

最近、私はさまざまな場面で佐高先生とご一緒（共戦）することが多い。佐高先生は、怒ると相手に対する「殺気」を感じさせるほどの強い情と鋭い論理性を兼ね備えた、貴重な論客である。それでいて、一緒にいてとても楽しい人物である。実の兄のいない私にとって、佐高先生は、今では兄のような存在である。

今回、その佐高先生との対談を公刊する機会を得て光栄である。

私たちのような主張に対しては、「憲法守って国滅ぶ」でよいのか？　という返論が来る。しかし、まず北朝鮮が張子の虎であることは公知の事実である。また中国も、専守防衛で厳重に守られているわが国には手が出せないので周辺で騒ぎ立てているわけで、その状況は、実は、過去数十年にわたって変わりがない。

他方、安倍政権が目指している自衛隊の米軍二軍化が実現した場合の危険を、今、私たちは直視すべきである。つまり、まず、今までは私たちとは友好的であった中東のイスラム教徒たちにとって、今後、私たちは、「敵の友は敵だ」という論理でテロの対象になる。また、「非戦の大国」として尊敬されていた日本のＰＫＯやＮＧＯも、今後は、アメリカの他の友好国のチームと同様に、派遣先で敵対的な扱いを受けることになる。さらに、アメリカに続いて、わが国も「戦費破産」の道を辿ることになろう。

以上、安倍政権による今回の提案は、私たちにとって、何の利益もなく、単に危険を増すだけの愚策である。だから、この安倍「壊憲」は撃たねばならない。

二〇一五年八月十一日

小林節

第一章　危機に立たされる日本国憲法

賢く安倍政権を倒すには

佐高　安倍政権がやっていることは、まさに「改憲」ではなくて、「壊憲」というにふさわしいですけれども、いわゆる戦争法案が衆議院を通過しましたね。そのご感想はいかがですか。

小林　予想どおりです。安倍さんは「殿様」ですから強行採決すると思っていました。あの人が引くわけがない。「殿様」のような育ちをした人は、爺《じい》や婆《ばあ》やが自分の好き嫌いを何でも聞き入れ、そのとおりにしてくれるというような世界で育ったわけですから、世間が見えない人だと思うんです。かしずく大人に囲まれて育っている。金正恩《キムジョンウン》と似ていますね。

佐高　そうか、金正恩か。

小林　安倍さんの周りには二種類の人間がいて、一つはあの方と同じような先祖代々の世界の価値観の人たち。もう一つは秀才だが、その世襲貴族にゴマをすることで出世しようとする政治家や官僚たちです。安倍さんは選挙で三分の二を確保したという自信だけがある「裸の殿様」だから、「今日もお美しいご衣裳で」とお追従《ついしょう》を言う腰巾着がはべり、「殿、風雲急を告げております。作戦を変えてはいかがでしょうか」とは口が裂けても言えない。そう言った途端にクビを切られます。しかも、与党は「殿様」だけを見ているヒラメ議員ばかりですから、安倍官邸にはイケイケドンドンの人しかいない。だから当然、強行採決すると思っていました。

そもそも憲法は、軍隊が海外に出ていくことをはっきり禁じています。これは敗戦国として当たり前じゃないですか。その憲法が改正されていない以上、海外派兵をすることになる集団的自衛権の行使を認めることはありえない。彼の強引なやり方は、彼に教養がないなどという以上に、国家における宰相として大失格です。中世に逆戻りしたかのような憲法を踏みにじる行為ですよ。

佐高　昔、法哲学を学生時代にかじったときに、ヘーゲルか誰かの「不法はいくら積み重ねても法にはならない」という言葉を読んだ記憶がよみがえりました。

小林　名言ですね。私もどこかで見たと思います。

佐高　正義になることはない。

小林　それは真理です。ヘーゲルなら言いそうだけど、僕は、「悪事はいくら重ねても悪事です」と言いたい。

佐高　まったくね。

小林　講演に呼ばれることが多いんですが、衆議院の採決の前に僕が講演で強調したのは、「どうせ自公は強行採決をやりますから、みんなそこでがっくりしちゃダメですよ。絶望しないでください。強行採決されても、諦めないでください」と。「やっぱり来たか、バカ野郎と言っていればいい。もともと彼らはそういう悪質な人間なんだから、そんなことは百も承知でいてください」と僕は言っていました。

佐高　今後については、どう予想されますか。

小林　衆議院での強行採決を見て、世論は一斉に反発している。「安倍ちゃんは気持ち悪い」「自民党は感じ悪いよね」というムードが広がりつつあります。これは選挙に響きます。安倍首相は、二〇一六年七月の参議院選挙で参議院でも三分の二を与党で確保して、憲法改正に手をかけるとすでに明言していますが、彼らは参院選で勝てないと思います。

ただ、野党がこのままであれば、選挙制度のせいで与党が勝つでしょうね。比例区ではそれぞれの党がそれなりに議席を確保したとしても、与党が握っている三割の票が七割の票を蹴散らして、野党はバラバラだからまた負けることになるでしょう。

二〇一四年十二月の衆議院選挙で自公は約三割の得票で約七割の議席を獲得しました。

これを裏返せば、野党が参院選に向けてしっかり選挙協力をして選挙区を住み分けることができれば、四割の得票で八割の議席を得ることができることを意味します。

佐高　選挙協力は一筋縄ではいかないですよね。

小林　野党は比例区で獲得した票を前提に、衆院の小選挙区や参院の選挙区で取る割合や数を決めて、それぞれの政党で一番戦いやすい選挙区を取る。そこに、いかにも党内だけでしか通用しない人ではなくて、周辺からも票が集まるような、超党派で推してもらえそうな人を出す。各党がそういう人を責任を持って出して、その代わり他の党は絶対に邪魔しない。これさえすれば、安倍政権を吹き飛ばせます。

われわれが今、何よりも考えるべきことは、史上最悪の政権の退場です。ここは賢く、安倍政権を倒すという一点で野党は一致団結しなければいけない。一点共闘で野党が協力体制を敷けば、まず参議院自民党はびびりますよ。

二〇一六年の参院選で自民党を敗北させれば、次の衆院選で政権交代の可能性が見えてきます。政権交代を実現して、安保関連法廃止法案を成立させれば、この戦争法案は取り消せます。

佐高　安保法制をめぐるデモでも、雨の降る中で小林さんは若者たちの前で演説したりしていましたよね。

小林　はい。安倍政権が悪事の確信犯であることを知らしめるためのパフォーマンスです。とにかく、国家の命運を決めるのは、一次的には政府ですが、最終的には主権者である国民なのです。一時的に権力を任されている分際で、好き勝手なことをするエセ権力者には、選挙で「ノー」を突きつけなければなりません。こんな「壊憲」政権は選挙で倒せばいいんです。

九条無視は憲法の危機

佐高　今や安倍批判の急先鋒ですね。

小林　こういうときこそ護憲派は大騒ぎしなければいけないと思います。今までどおり、のどかな護憲論を敵のいないところで、内輪の集会でやっているようじゃダメなんです。

佐高　ホームとアウェーでいえば、護憲派に対してホームだけで戦っていたという批判ですよね。

小林　そうそう。僕は本当に憲法の危機だと思っているんです。今の憲法が好きか嫌いかという問題は別にして、今、憲法を権力者が守らなかったら、独裁国家です。それにもかかわらず、権力者が公然と憲法を無視する暴挙に出たわけです。これまでの首相の中で、小泉首相はちょっと危なかったけれど、安倍首相までの歴代内閣は、さすがに憲法を公然と無視することはしなかった。

「九条を改正したい」と自民党から相談を受けたことはありますが、彼らは明治憲法に戻ろうというアナクロニズムの話をするから、僕は賛成できない。そうしたら、彼らは気づいたわけですよ。「ああ、憲法改正は不人気でできない」と。正面から九条を改正できないから、まず九六条で定められた憲法の改正条件を下げようとしたんです。

権力者が「あなた方のためですよ」と国民のせいにして、自分の手を縛っている条文を緩めようとするのは、アウトじゃないですか。それはアンフェアで許せない。「裏口入学」と呼んでやめさせました。そうしたら今度は、「いいよ、憲法九条なんか無視するから」と表門を蹴飛ばして入ってきちゃった。これは憲法の危機ですよ。だから、私は怒っているんです。

佐高　九条の見方で面白いなと思ったのは、言論の自由や男女同権などの規定もありがたいけれども、「何よりもありがたいのは憲法九条だ」と言った母親がいるんですよ。夫や子どもを軍隊に徴集されることがないし、子どもに軍隊に行けとか、戦争で死ねというように母親としての心を偽る必要がないからだと。

小林　なるほどね。

佐高　小林さんは、自民党が二〇一二年に出した憲法改正案の起草の相談にも与《あずか》っていたわけですよね。今や自民党の中で護憲を唱える人は、ほとんど存在を許されていないでしょう？

小林　そう思います。

佐高　それは小泉政権あたりからはっきりしてきたんですか。

小林　小泉首相のときに、イラクとペルシャ湾に派兵したでしょう。あれも戦争のお手伝いですから憲法違反です。戦争をしている米軍に足として飛行機を貸し、油と水と食糧を届けた。これは戦争参加です。でも、小泉政権のときは、まだ飛行機は足だから、前線に行って引き金は引かないし、武器や弾薬は届けにいきませんから、お水と油と食糧を届けるだけです、と言い訳していました。しかも、特別措置法で「ちょっとだけよ」という感じだった。

佐高　時間が区切られている。

小林　でも、まさにそれは九条のほころびですよ。そのときの官房副長官で、のちに官房長官になる安倍が、「憲法九条改正が筋だけど、改正できなかったら、このままでいいじゃない。この憲法だったら何でもできるんだから」と主張するグループに属していたことを覚えています。それが今、出ちゃったなという感じです。

佐高　つまり、小泉は「後方支援」という便利な言葉でごまかしながら、憲法違反をやったわけですよね。安倍はそれに味をしめて、憲法を蔑《ないがし》ろにする方向で、次々と事実を積み重ねると。

小林　そういうことです。「九条改正はハードルが高いから、ごまかしてハードル自体の改正から入ろう。あ、これもダメだ。じゃあ、九条は無視しよう」という流れです。

だいたい、憲法九条はどんな条文なのか、大人だってみんな説明できないじゃないですか。護憲派が授業できちんと教えていない。僕が話をすると、「憲法はそういうものだったのか。九条はそういう意味だったの」と改憲派の皆さんも驚くことが多い。それは護憲派の落ち度ですよ。

戦争法案の核心とその背景

佐高　安倍のやり方を見ていると、集団的自衛権行使容認の議論をわざとわかりにくしている感じがしますが、この法案の中心部分は何だと見ていますか。

小林　まず、九条の話をしましょう。憲法九条は一項が「戦争の放棄」です。これは国際法の用語として、国際紛争を解決する手段としての戦争、すなわち、侵略戦争のみの放棄を意味します。二項では、「陸海空その他の戦力の不保持と交戦権の否認」をうたっています。交戦権とは、戦争をする法的資格のことです。以上から、日本は他国と戦争はできません。

ただし、わが国も独立主権国家である以上、他国から侵略の対象にされた場合に無抵抗でその国の植民地になる謂れはない。他国が攻めてくれば、国家としてどの国も本来的に有している自然権としての自衛権を行使することはできます。そこで、専守防衛です。

要するに、わが国に外敵が侵入してきた場合に限って、わが国の領域とその周辺のみを戦場として、自衛隊を用いて抵抗することができる。だから、「専守防衛」の意味として、「海外派兵の禁止」と「海外で他国の武力行使と一体化することの禁止」という二つの原則が確立されています。

ところが、今回の法案の中心は、集団的自衛権の行使と他国軍後方支援の二つです。集団的自衛権の行使とは、海外で戦争中の同盟国軍とともに戦うために派兵することで、これは海外派兵そのものです。もう一つの他国軍後方支援とは、海外で戦争中の同盟国軍をバックアップするために派兵することで、これは海外で同盟国の武力行使と一体化することです。

だから、今回のいわゆる戦争法案は、専守防衛をはずれていますから、紛れもなく違憲立法であるということになります。

国際法上は、独立主権国家として集団的自衛権は認められているけれど、日本は九条二項がその行使を禁じている以上、海外派兵はできず、集団的自衛権は「持っているけど、使えない」ものなのです。

佐高　違憲と発言された、衆議院憲法審査会（二〇一五年六月四日）では、後方支援についての質問に対する回答が興味深かったですね。長谷部恭男《やすお》さん（早稲田大学教授）が返答しているときです。

小林　彼は「戦闘地域と非戦闘地域の区分を廃止すると、武力行使の一体化をもたらす恐れが極めて強い」という言い方をした。後方支援というのは、単なる日本語の造語であって、後ろから他国の軍事活動に合体するということです。後方支援だから安全だということはない。戦争法案にいう後方支援は、最前線での銃撃以外は何でもできるようになっています。しかも、「非戦闘地域」といった地理的な（現場と距離を置く）条件はつけられていない。だから、後方支援とは、弾が飛んでいないときを選んで米軍に後ろから合流して戦争に参加すること以外の何ものでもないんです。

僕はイラク戦争のときから怒っていました。イラク戦争では、機密情報を手に入れて敵に突入する米軍のゴリラ部隊を、日本の自衛隊が送り迎えさせられていた。アメリカが前線でドンパチやって、日本側は輸送や給油をしたり、はぐれた兵隊を拾いに行ったり、負傷者を治療したり。これは、日本がいなければアメリカは戦争できないということです。それを「安全です。なぜならば、弾が飛んできたら休止撤退いたします」と言う。敵が迫ってきた途端に、米軍の輸送や給油をやめて「帰ります」などという友軍がありますか。そんな友軍は、米軍にとっては迷惑で、米軍の敵にとっては格好の標的になる。僕が米軍の司令官だったら、「ふざけるな、支援を続けろ」と撃ちますね。共犯は正犯に準ず。つまり、ともに正犯であるということです。一緒に戦争をやっておいて、「私は無罪」というのはまったくおかしい。憲法審査会では、「長谷部教授が銀行強盗をして、私が送り迎えをしたら、ともに犯罪者です」というたとえ話をしました。

佐高　刑法にある共同正犯にあたりますか。

小林　そうです。打ち合わせをして実行するという共謀共同正犯です。

佐高　それと、「集団的自衛権は違憲ではないという学者はたくさんいる」と菅義偉《すがよしひで》官房長官が言うから、辻元清美議員（民主党）がその人たちを挙げてくれと聞いた。すると、三人しか挙がらなかった。挙げられた三人のうちの百地章《ももちあきら》さん（日本大学教授）は、「憲法学会では改憲ではなく自衛隊は違憲と言わないとダメなんだ」と、どこかのインタビューでしゃべっていた。これは違いますよね。

小林　僕はプロの憲法学者になって以来、一貫して自衛隊は合憲だと主張しています。でも、集団的自衛権は専守防衛の限度を超えるから違憲です。

佐高　安倍は九条改正を目標としたロードマップを描いていると言われますが、急ぐ背景をどう見ますか。

小林　今回の法案の正体は、自衛隊をアメリカに売り渡すことです。安倍さんはその見返りとして日本を国連安保理の常任理事国に入れてもらいたいのでしょう。しかし、国民に対しては、「中国は怖いでしょ？　北朝鮮も怖いでしょ？　だから、集団的自衛権を認めましょうよ」と吹聴して法案を押し通そうとしていました。彼が「丁寧に説明する」と言ってから一年以上僕は耳を澄ましてきましたが、そんな説明はついぞ聞こえてこなかった。

結局、この法案はアメリカに自衛隊を売り渡すものですから、丁寧な説明なんかできない代物だということでしょう。

砂川事件判決は集団的自衛権の根拠になりえない

佐高　集団的自衛権を合憲とする根拠に砂川判決を持ってくるのもおかしいでしょう。

小林　とても驚いています。僕が学生のときも教授になってからも、そんな理論は学んだこともなければ、教えたこともありません。砂川事件の最高裁判決が集団的自衛権を認めているという引用の仕方はあまりにもナンセンスで、笑っちゃいますね。しかも、弁護士資格を持つ高村正彦副総裁がそう言い出したので、二重三重にびっくりしています。司法試験に合格した人がこんなことを言うとはね。

最高裁判決は「(憲法九条によって)わが国が主権国家として持つ固有の自衛権は何ら否定されるものではない」としています。与党はこの箇所を振りかざして、「最高裁判決は個別的自衛権と集団的自衛権を区別していないから、どっちも認めているのだ」と主張し、この法案を正当化しています。

しかし、これは真っ赤なウソです。昭和三四(一九五九)年当時の日本で自衛隊が外に出ていくことはまったく想定されていませんでした。それに、そもそも裁判というものは、事件になった事実についてしか判断しないものです。砂川事件でいえば、昭和三三年九月にデモ隊の一部が米軍基地内に立ち入り、日米安保条約に伴う刑事特別法違反で逮捕されるという事件が起きたので、裁判所は憲法九条と駐留米軍の関係を問題にして、駐留米軍の合憲性についてのみ判断したのです。

つまり、砂川事件では、「アメリカが日本に軍隊を置いていることの合憲性」が問題になったのであって、「日本が集団的自衛権を行使して、海外派兵することの合憲性」は問題になっていない。だから、集団的自衛権について何の判断もなされていません。

砂川事件において集団的自衛権は想定外かつ問題外だったので、最高裁判決と集団的自衛権は無関係です。安倍政権の主張は合理的でなく、成り立ちません。

結局、彼らは最高裁判決の都合のいい部分だけをつまみ食いして、都合の悪い部分は無視しているんです。

ところで、砂川事件の最高裁判決には、逆に今回の法案に釘を刺すような箇所がありますす。それは統治行為論という考え方が見られる箇所です。これは、国家統治の基本に関わる高度に政治性を有する問題については、「一見極めて明白に違憲無効」ではない限り、司法審査の対象にすべきではないという理論です。つまり、民主主義国家である以上、戦争と平和のような国家の命運に関わる問題は、選挙を経ていない一五人の最高裁の裁判官が決めることはできない。そういう重大な問題は、一次的には内閣と国会、最終的には主権者である国民が選挙で決めるべきだということです。

この最高裁判決の論理からすれば、憲法学者の九割以上が違憲だとしているこの法案は「一見極めて明白に違憲無効」の疑いがあります。

佐高　砂川事件の第一審、伊達判決は駐留米軍を違憲としました。それで、当時の田中耕太郎最高裁長官が地裁判決を取り消すことを事前にアメリカに告げていたことが明らかになっていますね。

小林　もう言語道断です。三権の長がアメリカの大使や公使に面会して、事前に判決の取り消しを約束するなどもってのほかです。このとき、日本は事実上主権を投げ捨て、独立を放棄したのです。最高裁判決は司法の独立を奪われた判決であるため、司法権の名に値しません。この最高裁判決自体がそもそも「一見極めて明白に違憲無効」ですよ。砂川事件の元被告人たちが再審請求をしていますが、至極当然のことです。

安倍政権は「独立国家として集団的自衛権を認めるのだ」と意気込んでいますが、そのために独立国家の主権を侵害した最高裁判決に頼るというのは自己矛盾以外の何ものでもありません。

悪事を告発するキャンペーンとしての違憲訴訟

佐高　小林さんはいろいろと見越して、違憲訴訟まで考えていると言われていますね。

小林　そうです。法案が成立して法律が有効になった瞬間から、われわれ国民は、戦後一度も経験しなかった「戦争の危険がある状態」に追い込まれます。集団的自衛権を認めるということは、海外派兵をするということですから、海外で戦争をする危険が現実のものとして具体化するんですね。

集団的自衛権は、いわゆる新三要件、「わが国の存立と国民の人権が覆される明白な危険があり」、「ほかに適当な手段がなく」、「必要最小限にとどめる」の三つがそろった場合に発動し、その判断にあたっては、政府がすべての情報を総合して客観的、合理的に判断すると安倍さんは言っていますが、この基準自体がまったく判断基準になっていない。

法律学において、「すべての情報を総合して」判断するということは、事前に何の基準も示さずに、担当者に一任せよと要求しているに等しいからです。無条件で戦争権限を政府に一任せよと要求しているわけで、これは論外ですよ。

だが、それがいかに悪事かということを、日本人はすぐに忘れてしまうから、言い続けなければいけません。自民党に対して「もう許さん!」という空気を次の選挙までつなげるために、悪事キャンペーンの告発手段として違憲訴訟を考えているんです。

佐高 話題になりますからね。

小林 違憲訴訟は最高裁まで行ったら四年かかります。下級審は違憲判断が出るような気がするけども、わかりません。三年以内に衆院選が来るんだから、違憲訴訟を四年間やっていて、政権交代ができたら訴訟を下ろすつもりです。最高裁が判断を逃げて、引き分けになったらつまらないですからね。

佐高 なるほどね。

小林 政権交代すれば、簡単ですよ。彼らがしたことの反対をすればいい。「先の内閣で閣議決定されたものは元の有権解釈に戻します」と閣議決定をする。今回の法案は一一本の法律を二本の法案にしてまとめたものですが、これを廃止するにはアメリカ流にたった一本で済ませることもできます。「先の二本の法律は廃止する」でいい。廃止するということは元の法制度に戻るということ。法律全書には取り消し線を入れて再編集すればいいんです。

佐高　イラク派兵したときの自衛隊の内部文書があることがわかって、それを出せと言ったら、防衛省が黒塗りだらけの内部文書を出してきましたね。それで、野党が実際の派兵の実態を知らなければ、自衛隊員をより危険に晒《さら》すような今回の法案の審議はできないじゃないかと反発した。黒塗りでないちゃんとした内部文書を出せと言ったら、防衛省が出すと答えた。

ところが、議員のところにその文書が届いたのは強行採決の後なんです。そういう姑息《こそく》なことをする。つまり、イラク派兵のときに専守防衛ではなかったということが明らかになっているわけじゃないですか。

小林　実は米軍のお手伝いをして、戦争参加をしていた。武力行使との一体化ですよ。

佐高　防衛大臣が内部文書を出すと明言したわけですから、委員長も審議を続行しなければならないですよね。

小林　でも、それは与党が、野党はそれで引き延ばしを図っていると思えば、国会対策としてそれくらいのことはやりますよ。

佐高　そういうところも有権者は見ていますよね。

小林　そういうやり方は感じが悪いですよ。確信犯です。図々しい。

佐高　専守防衛を離れて、危険が迫ったら撃てと指示していたんでしょう。

小林　それは世界の常識になっていますが、自衛隊の場合は現時点では「撃たれたら撃て」ですね。

脅かされる平和的生存権

佐高　それと、法令が憲法に適合しているかを判断する違憲審査制度には二つの型があるそうですね。ドイツ型とアメリカ型ですか。

小林　日本はアメリカ型ですね。

佐高　ドイツ型の憲法裁判所と言う人たちがいますね。

小林　それはつくろうという話です。日本の最高裁が違憲判決を出してくれないから憲法裁判所をつくったらどうかという話ですが、つくっても……。

佐高　同じですよね、それは。

小林　そう。憲法裁判所をつくろうと言う人々は、政治的な力関係と顔ぶれを考えていないんです。いわば第二最高裁ができるだけじゃないですか。憲法判断しないと決めて逃げ回っている裁判官が憲法裁判所を構成すれば、今と同じことですよ。「金の無駄です」と僕は言っています。

佐高　二つの型はどう違うんですか。

小林　ドイツ型は憲法裁判所型といって、法律が成立していない段階で、つまり、法案の段階でも最高裁の判断を問えるものです。しかし、法案が議会に提案された段階で、国民が誰でも訴えられるとしたら、国会が裁判で止まってしまいますから、それはできない。出訴権者を国民以外に変えるんです。内閣自身が訴えるか、日本でいうと県知事が訴えるか、あるいは国会議員の三分の一がまとまって訴えた場合には、国会審議中に憲法裁判所が、この法案は合憲ですね、違憲ですね、と抽象的に審査する。違憲となったら、法律ができる前に阻止することができます。

佐高　なるほど。

小林　確かに、ドイツ型は違憲の事実が国会と裁判所で重ならないで済むという点でいいですよね。

ところが、日本が採用しているアメリカ型は司法裁判所型といって、司法は民事、刑事の事件しか扱わないわけで、行政事件というのは民事に含まれます。その事件の解決に必要な限りで憲法上の論点を判断する。

だから、かつて自衛隊法がつくられたとき、鈴木茂三郎（日本社会党第二代委員長）が訴えたことがありましたが、裁判所から「抽象的違憲訴訟はダメです」と断られた。自衛隊法ができた後には、北海道の恵庭《えにわ》の農民が「自衛隊の基地があるおかげで牛の乳の出が悪くなる」と言って、ちょうど基地周辺のフェンスの内側にあった通信線を切ってしまって刑事事件になったことがありました。

これは具体的な事件ですから裁判所も受けつけた。そうすると、刑法という一般法にも器物損壊罪がありますが、自衛隊法という特別法にも器物損壊罪があるわけで、刑法より自衛隊法のほうが特別法だからこちらを適用する。捕まった農民が、ふざけるな、俺は無罪放免だ、自衛隊は憲法違反で無効だからだと言ったけれども、一審は裁判所が逃げたんですよ。通信線は防衛用の器物ではないから器物損壊になりませんと。だから、無罪放免で自衛隊が違憲かどうかの判断から逃げた。

つまり、何が言いたいかというと、わが国は司法型ですから、裁判所は憲法問題を民事か刑事の事件を解決する範囲でしか扱えないということなんです。だから、事件が起きないとダメなわけです。今の憲法の下では、現段階では、法律がつくられている途中の段階では何も事件が起きてないから訴えようがないんです。

佐高　今回の場合はどうなりますか。

小林　法律ができた瞬間から、事件性を持つと僕は認識しています。憲法の前文には「国民は平和のうちに生存する権利を有する」と明記されています。それを制度的にバックアップしているのが憲法九条です。だから、われわれは憲法によって平和的生存権という人権を保障されているということです。

日本の自衛隊はいくら安倍首相が海外に派遣したくても、すでに二つの特措法も失効しているから、今は海外に派遣する手続き法がない。だから、われわれは今、日本国憲法があるおかげで、平和に生きていける権利が現に保障されているということがわかります。

法学の定義ですが、平和とは「戦争または戦争の危険のない状態」のことです。つまり、戦争があれば、もちろん平和ではない。戦争の危険があっても、われわれは平和ではないんです。

だから、今回、集団的自衛権の行使が認められて海外に派兵することができる法律が成立した場合は、その瞬間から、安倍首相が「わたくしが、客観的、合理的、総合的に判断した結果、海外派兵いたします」と言えば、自衛隊はアメリカの友軍として海外に出ますよ。安倍首相がいつ「出兵！」と言い出すかわからない。
そうすると、われわれはいつ戦争になるかわからないからドキドキしますよね。それがわれわれの平和的生存権がひしひしと侵され続けるということです。われわれの心がさいなまれるわけです。平和のうちに暮らすというのは心が満たされた状態ですけれども、あの法律ができた瞬間に心が傷つき始めることになる。
つまり、われわれは「戦争の危険のある状態」で暮らす生活に国家によって追い込まれ、平和的生存権が侵害されたと提訴するわけです。かなり技術的にはむずかしいですが、これからは平和的生存権を認める見解が学界多数説になると思います。

佐高 平和的生存権は人格権なんですね。

小林 平和的生存権も人格権の一種です。人格権というのは、貞操や名誉や身体、そして、心の平和などをまとめたものです。
僕は三段階の違憲訴訟を考えています。まずは、今の法律が成立して施行されたときに平和的生存権の侵害を根拠に違憲訴訟を提起する。次の段階は、具体的に海外派兵の命令が下ったときに、その部隊の一員がそこから逃げ出して懲戒処分を受けた場合に、それが違憲無効だと訴える。一番悲劇的なのは、実際の海外派兵で自衛隊に死者が出た場合に、その遺族が違憲な戦争で家族が殺されたと訴える。

佐高　それは今、具体的に進んでいますか。

小林　いや、準備段階です。やろうと思えば、いつでも進められます。やり方は集団訴訟です。あらゆる分野で誰でも知っているような人、たとえば、女優だったら吉永小百合、ジャーナリストだったら田原総一朗や鳥越俊太郎、それから、評論家の佐高信とか、そういう各界を代表するような知名度の高い一〇〇人に代表として原告団に加わっていただく。心の傷の損害賠償一人一〇万円、一〇〇人だと一〇〇〇万円になるでしょう。訴訟を担当する若い弁護士たちにも手当を出してあげなければいけないから、寄付は募りますけどね。

弁護団はこれまでに例のない一〇〇〇名を超える弁護士に名を連ねてもらおうと思っています。最近、弁護士会の講演に呼ばれることが多いですから、「一〇〇〇名の弁護団を組まない？」と誘えば、みんな乗ってきます。弁護士会の現幹部や元幹部にお願いしていますよ。

そうすると、一〇〇〇名の弁護団で、誰でも知っている分野別の有名人が一〇〇人そろって訴えれば、地裁の裁判官もむげにはできないじゃないですか。

東京地裁で提訴しようと思っていますが、東京地裁にいるような裁判官は、少なくとも地裁所長どころか高裁の長官までは行きたいと、運がよければローテーションの巡り合わせで最高裁判事もやりたいなと思っています。僕の見るところ、国会、内閣、裁判所の三権は長いこと癒着の関係にあると思っています。だから、地裁の裁判官には上のほうから指導が入るのはいつものことなんです。

そうすると、いくら自分の良心に照らして違憲訴訟の原告が正しいと思っても、違憲判決を出すと将来がなくなって出世できないと思うじゃないですか。

ところが、これだけ日本の良識を代表した人々が集まっていて、三万人いる弁護士の中でも上のクラスの弁護士が一〇〇〇名集まれば、逆にその人たちに変な裁判官だと睨まれたら、ずっと目をつけられてしまいますよね。政権だって永遠ではない。

こういうやり方で違憲訴訟をすれば、地裁の裁判官もやっぱり司法の独立の中で違憲判決を出しても、自分のキャリアに傷はつかないと思わせることができます。あるいは、これだけの人たちが訴えているのだからと、時代の変わり目を悟って、裁判官の使命を優先させて、司法官僚として自分の出世は諦めて弁護士に転じてもいいという気持ちになるかもしれない。

佐高　なるほどね。違憲訴訟について日本の裁判所の対応はいかがですか。

小林　これまで違憲訴訟というのはほとんどないし、真剣に追求されてこなかったと思います。というのも、やはり政治の過失は政治で取り返すのが筋ですからね。政権交代できないということを前提にして少数野党の人は発言するけれども、政権交代できるという前提で考えないと何も意味がないですよ。

とにかく安保法制が施行されたときから違憲状態は始まります。しかし、たぶんニュースに取り上げられないでしょう。そこで、二〇一六年七月の参議院選挙まで日本人がこの悪事を忘れないようにしてもらうために裁判を起こすんです。裁判をやれば毎月法廷が開かれる。その都度、司法記者クラブで記者会見をやってもニュースにならなかったら、原告プラス弁護団で、できれば豪華な顔ぶれをそろえて、「われわれはこういう違憲訴訟をします」と日本プレスセンターで記者会見をやりますよ。

佐高　いくらでもお手伝いしますよ。

小林　佐高先生と僕が表裏でやる（笑）。

NHKとテレビ朝日で放送禁止に

小林　（二〇一五年）六月四日の憲法審査会で、僕を含めた三名の参考人が「戦争法案は違憲」と明言したときから、間違いなく世の中の流れが変わりました。国民が自民党の悪事に気づくターニングポイントだったと思います。あの日以降、僕が町を歩いていると、見知らぬ人から「頑張ってください」と声をかけられるというようなことが頻繁にあり、世論の変化を肌で感じています。あれはわれわれ憲法学者にしてみたら、従来の見解を繰り返しただけなんだけど、自民党があまりにも狼狽《ろうばい》してしまったので、耳目《じもく》を集めたんでしょうね。憲法審査会での自民党議員たちの驚きようがすごかったですね。

そのあとは「たかが学者」発言が出て、火に油を注ぎました。それから、自民党の政務調査会と法制局に合憲性を示す文書を出せと言ったら、二〇一四年七月の閣議決定の内容そのままの文書を出してきました。本当に慌てふためいちゃったみたいですね。そのおかげで、これまで抑え込まれていたNHKとテレビ朝日に僕の顔と名前と声が復活して取り上げられました。事件報道だから仕方なく出したんでしょう。もちろん長谷部教授を選んだことは単なる人選ミスだと自民党は言うでしょうが、まさに魔が差したんでしょうね。いや、神が差したのかもしれない。「あいつらに対して、神が差したんです」と僕は言っていますがね。

佐高　というと、NHKとテレ朝は小林節がNGだったわけですか。

小林　明らかにそうです。過去五年ぐらい、毎年三月頃からＮＨＫの憲法取材班が僕の講演や大学の授業風景を撮って、それを「クローズアップ現代」やニュースの埋め草に使ったり、憲法記念日に向けたＮＨＫの憲法関係の世論調査の解説を僕にやらせていた。だから、今年（二〇一五年）も三月にはＮＨＫの憲法取材班が僕の取材を始めて、カメラがついてきていたわけです。それが途中から、「すみません、上の会議で先生の追跡取材はできないことになりました」と電話が来て打ち切りになった。

佐高　それは三月、四月頃ですか。

小林　そうです。「まあ、人生いろいろある、こんなことで闘うことはないんだよ」とその取材班の人に言った。ＮＨＫの会長も安倍政権も永遠じゃありませんからね。それ以来、新しく担当になった記者はどんな場でも僕を見ると必ず名刺を持って挨拶に来ます。ＮＨＫの担当記者が交代すると、憲法取材班の先輩から「小林にはちゃんと名刺を出しておけ」と言われているようです。

佐高　へえ。

小林　テレビ朝日の場合、「報道ステーション」のチーフ・プロデューサーの女性が異動になるまで、僕はこの番組にたくさん用いられていました。正月にはプロデューサーやディレクター六人が僕のところに来て、「今年の憲法報道はどうしましょうか」と打ち合わせをして帰っていったくらいです。

これは二〇一四年のことですが、番組のコーナーで集団的自衛権について北岡伸一さん（東京大学教授を経て、現在は国際大学学長）と僕の二人から意見を聞いて、事前に収録したものを両論併記でぶつけようということになっていた。そうしたら、北岡さんがしゃべったことに対して、僕がことごとく批判する形になって、記者やプロデューサーが喜んでくれた。それで第二弾をやりましょうということでその話がきた。

ところが、取材の前日に私がキャンセルになり、念のためにその番組を見たら北岡さんが一人でしゃべっているじゃないですか。そのとき僕は、ああ、来たなと思った。何かが歪んだなと思いましたね。北岡さんが「自分の後に小林節を出すのなら、俺は受けない」と言ったと聞きました。

チーフ・プロデューサーが三月末で異動する前に、報道ステーションで僕と自民党のしかるべき人の生出演が三回ぐらい入ったけれども、毎回、国内外の大きなニュースにつぶされてしまいました。何かあったら向こうは出演を断ろうとしたんです。三月末に僕が「結局、全部つぶれちゃったんだ」と言ったら、そのチーフ・プロデューサーが「いや、大丈夫です」と。「私は異動しますけれども、チームの者たちにこれは続けるように言ってありますから。彼らも約束しています。四月に入って私がいなくなっても、また時期を見て提案があります」と言われて以来、一人も来ない。やっぱり人事って大きいですね。でも、そんなことはどうでもいいんです。恨み節を言っても始まらない。

先日、某局の役員の肩書を持っている男が僕のところに取材に来て、「あちら筋では一番使ってはいけない言論人は柳澤協二さん、二番目が小林節さんだということですが、私たちは取材に参りました」と明るく言いましたよ。「じゃあ、元通産官僚の古賀茂明さんはゼロ番か」と(笑)。「ダメゼロ番が古賀、ダメ一番が柳澤、ダメ二番が小林というのは大変光栄でございます」と言っておきました。官邸のマスコミ対策の結果、僕の顔と名前は放送禁止だったようです。

佐高　テレビ朝日というと、番組審査委員長に幻冬舎の見城徹がなったんですよね。元角川書店の社員で、彼が安倍とテレ朝の元社長の早河洋をつないだと言われている。

小林　決まりじゃない。

佐高　こんなのが審査委員長。審査されるほうの人かもしれない。

第二章　安倍「壊憲」政権の正体

「戦争法案は違憲」発言の裏側

佐高　戦争法案と呼ばれている安保法制が議論されるようになってから、小林さんはやたらと忙しくなったでしょう。

小林　そうですね。今の状況の中で、教養や良心があるならば、安倍政権に反対の声を上げなければいけないと思います。

佐高　その内情を聞く前に、戦争法案をめぐって衆議院憲法審査会（二〇一五年六月四日）に呼ばれた憲法学者、小林さん、長谷部恭男さん、笹田栄司さんの三名の参考人がいずれも違憲だと述べたわけですが、会に呼ばれるまでの経緯をお話しくださいますか。

小林　参考人は過去にも経験がありますが、突然、旧知の民主党の国会議員から電話がかかってきたんです。「安保法制について、参考人として来てくれないか」というので、「いいですよ」と返事をしました。その後、院の事務局から道順や日程などの案内が来ました。

佐高　小林さんはずいぶん前から参考人の経験がありますよね。そのときは自民党からの推薦だったんですか。

小林　これまで自民党、新進党、民主党、公明党の参考人になっています。共産党の参考人はないですね。そろそろ呼んでほしい（笑）。

佐高　私も一度、参議院の憲法審査会で社民党の推薦でしゃべったことがありますが、護憲の立場が私で、改憲の立場で出てきたのが西部邁《すすむ》でした。

小林　おお、左と右ね。

佐高　自公の参考人である長谷部さんがあのような発言をするということは予想されましたか。

小林　ええ。彼とは去年、国民安保法制懇をつくって、一つの原稿をともに練った仲ですから、彼の立場は十分知っています。

佐高　長谷部さんが自公の推薦で出てきたのは意外でしたか。

小林　衆議院の事務局から送られてきた予定表に参考人として長谷部さんの名前があったので驚きました。民主党の筆頭幹事に「これは自民党枠が長谷部さんということですか」と聞くと、「ええ、自公枠ですよ」と返ってきました。口には出さなかったけれども、「長谷部、転んだかな？」と一瞬、思った（笑）。

佐高　なるほどね（笑）。もう一人の笹田さんはどんな方ですか。

小林　笹田さんは違憲審査の専門家です。憲法の議論を国会で繰り返し行ってきたものに、憲法調査会、憲法調査特別委員会、憲法審査会があります。今回はまず、憲法の概念について、二つのぶつかり合いがありました。一つは、国民が権力者を使いこなすという憲法です。もう一つは、権力者が憲法を使って国民を管理してもいいとする、不思議な憲法です。そこでよく聞かれたのは、「ところで、立憲主義とは何のこと?」という質問でした。立憲主義というのは、国民が為政者を管理するためのマニュアルが憲法だということです。でも、権力が憲法を守らないことがあるから次に憲法保障、違憲審査の話が出てきました。

佐高　「長谷部、転んだかな?」という話がありましたけど、長谷部さんに最終的に決めたのは船田元《はじめ》(自民党憲法改正推進本部長)という人ですよね。

小林　権限として決めたのは彼ですね。

佐高　それこそ船田元が転んだのではないかという、船田陰謀説が流れているでしょう?

小林　それは正しくない(笑)。彼は三〇年前からの知り合いです。慶應の経済学部を出て、大学院では教育学を学んだ。だから、法律については専門家ではない。彼は世襲議員です。憲法というものは金にならない分野ですから、世襲議員の貴族みたいな選挙に強い議員が趣味でやっているんです。船田には憲法についていろいろ教えてあげましたが、非常によく知っていました。複雑な人ではないです。

佐高　衆院憲法審査会の会長は保岡興治《やすおかおきはる》ですね。

小林　保岡も船田もおつき合いはありますが、彼らには政治家に必要な男気のようなものがないですね。誰かに何かしてもらおうと思っているから、あるいは環境の中でおとなしく生きようと思っているから、国士ではない。

政治家というのは、いざというとき、人を押しのけてでも上に立とうという気概がなければならないけれど、そういうところが全然ない。

佐高　小泉純一郎みたいな人ですか。

小林　小泉さんは狂気がかった不思議な人ですが、船田元という人は狂気がかってはいない。非常にのどかなお坊ちゃんですね。たくらめない人ですよ。

佐高　でも、彼のたくらみだと思いたい人たちがいる。つまり、それほど自民党がショックを受けたということです。

小林　憲法審査会では、真ん中に保岡会長、片側に長妻昭君（民主党、教え子）、中川正春さん（民主党）、辻元清美さん（民主党）、反対側に船田元がいましたが、彼は本当に腰を抜かしたような顔をしていました。あれが演技だったら大したものですよ。

佐高　演技ではないでしょう。演技できるようなことではないですよ。

小林　本当に腰を抜かしているようでした。意外すぎたんでしょう。ちょっとこの世のものとは思えない顔をしていましたね。人間というよりはゾンビのような顔と言ったほうがいいかもしれません。

佐高　小林さんは維新の党の独自案に関与されました。衆院の委員会に提出するよりも先に、記者発表しましたね。

小林　おかしな戦争法案を廃止させるためには何でもしたいわけです。維新の案は在日米軍に対する攻撃を日本の個別的自衛権で対処するものです。記者発表を先にした理由は、自民党の法案が憲法違反であるのに対して、こちらの案は合憲の範囲にきちんと留めていることを記者発表することによって、まずは世論に認めてもらおうということです。しかも、憲法学者も合憲と認めているとすれば、自民党からの歩み寄りはなくなるじゃないですか。自民党と抱き合い心中になることはない。しかし、自民党の土俵に乗ることはおかしいと批判を受けました。同じ土俵で議論して負ける気はしませんが。

自民党憲法改正案のおかしさ

佐高　小林さんとは、十年ほど前に弁護士会での討論で出会ったのが初対面で、改憲と護憲に分けられて座りましたが、しばらくして、とげとげしい空気がお互い消えましたよね。

小林　そうですね。

佐高　小林さんは改憲派ですが、壊す壊憲と改める改憲の違いがあると言えると思いますが、いかがですか。

小林　改憲とは、改正。改悪の反対の改正です。

佐高　立憲主義に基づかないのは、完全に壊すほうの壊憲でしょう。憲法が権力者を縛るのだと言うと、自民党の人たちはすごくびっくりしたらしいですね。

小林　それに僕はびっくりしたんです。まだ教授になりたてですから二〇年以上前の話ですが、自民党の憲法調査会か、あるいは国防部会か何かで、「先生、どうして今の憲法はわれわれ政治家や公務員だけが守らなければいけないの。一般国民は守らなくていいのか」とよく言われました。

佐高　九九条（天皇又は摂政及び国務大臣、国会議員、裁判官その他の公務員は、この憲法を尊重し擁護する義務を負ふ）がわかっていないわけだ。私はこの九九条というのは、「憲法にとっての危険人物のブラックリスト」だと言っている。歴史的にここに掲げられたような人間たちが憲法を破ってきたからですね。

小林　彼らに「憲法とはそういうものですよ」と答えても、ピンときていない。いまだにそうです。憲法は政治家以下の公務員を縛るため、権力者を縛るためにつくられた法領域だと言っても、それがまたバカな子どもみたいに、「でもさ、一般国民は守らなくてもいいの？」とまた聞く。「確かに憲法というのは、主権者である一般国民大衆がお約束として合意してつくり、権力者に与えているもの。つくった本人が守らなくていいという話はないでしょう」と一種、論理的に言っちゃった。

これはウソなんです。アメリカ独立戦争からいけば、国民が幸福に暮らすために国があって、その国を運営するための権力機関を国民がつくり、国民の幸福を増進する。すなわち、国が国民に自由と豊かさと平和を与え続けるならいいけれども、それを奪ったら、政府も組織も取り替えていいんですよ。ある憲法を国民がつくって政府に与えて、政府が誤作動したら、国民はその政府を追い出すだけじゃなくて、全部ガラガラポンでつくり直してもいいんです。

今、この論理が自民党の側で使われていますね。そして国民が国家に協力する義務が生まれるのだという話に発展させている。そこに思いが至らずというか、悪用する人にそういう論理を与えてちょっと御用学者をやってしまい、今はとても後悔しています。

佐高　常識というか、相手のレベルが違っていた。

小林　相手に合わせて教えないといけないんですね。

佐高　それは教師の大前提ですよね。

小林　反省しています。でも、もう教師は辞めましたから。

佐高　小林さんの『日刊ゲンダイ』の連載を、私が引用して書いたことがあります。一番反響があったのは、自民党の憲法改正案には道徳的な色彩がすごく強いということです。たとえば、「夫婦は仲よく」などと昔の教育勅語みたいなことを言う。そうすると、離婚したら憲法違反になってしまう。

小林　ほんと冗談みたい。風が吹けば桶屋が儲かるという話です。僕も結婚していて離婚した経験はないのですが、結婚するときは原則として「好きです」と契約するわけです。人生の中で結婚以上に重要な契約はないと思いますよ。新しい子孫をつくっていくんですから、重大なことです。けれども、人生で一番重要な契約を、一番軽率な精神状態で行ってしまう（笑）。頭に血がのぼっているわけです。僕の授業では、人間は頭に血がのぼる経験をしたほうがいいと教えるんですけどね。統計上、既婚者の三分の一が離婚に至ります。これは別にかまわないですよね。間違いに気づいたら無理しなくていいと思います。

だから、民法には、結婚の規定と離婚の規定が対等に書いてあります。

ところが、改正案のように憲法という最高峰の法に、国民は家族仲よくすべきであると書かれてあると、離婚直前の夫婦というのは憲法違反状態になります。憲法はわれわれには直接適用されませんが、憲法の理想が社会に及ぼされるように、民法や刑法をつくってわれわれを管理するわけです。そうなると、「離婚禁止法」とか「離婚しちゃった人のお咎《とが》め法」とか、冗談ではなく、理論的にはそういう法律ができることになるんです。こういうことを言うと自民党のある議員から、おまえは不道徳だと言われるんですけどね。

でも、そこは法と道徳の話になります。ローマ法以来の法格言の中に「法は道徳に踏み込まず」という格言があるように、確かに家族は仲よくすべきなんです。皆、仲よくしたいと思っている。しかし、それは道徳の話であって、法によって解決する話ではないんです。

ほかにも改正案は、「国旗・国歌に敬意を表すべし」という。僕も国際的に活動することがありますから、他国で儀式のときにその国の国旗に対して敬意を表する格好をします。ただ、それは建前ですよね。内心から敬意を表しているかどうかは別問題です。

自分の国であれば、政府から「君が代」を歌えと言われたとき、今回は「君が代」を歌ってやらないということもできる。それが自由な社会ですね。それを憲法で「国民は国旗に敬意を表すべし」とすれば、うるさくなる。校長や教頭みたいな人や小学校の小うるさい風紀委員とかが「敬意を表せ」と、必ず飛んできます。それでは自由な社会ではない。そういうのはうるさい。自由な社会は面白くて緩いものなんです。僕は、法律の解釈・運用についてはきっちりやりますから小うるさくなる場面もありますが、日々の生き方としてはカジュアルであるべきですよ。

御用学者が選ばれる有識者会議

佐高　「国民は憲法を守らなくていいのか」と議員たちから聞かれたと言われましたが、やっぱり議員は国民を下々と見る意識がありますね。真実は逆なんですが。

小林　世襲貴族の世界ですよね。自民党の勉強会に三〇年ほどつき合っていましたからわかるんですが、部会か何かに呼ばれると、部会長の横に座らされる。彼らと意見が合うときは、「さすが、一流大学の先生はいいことを言う」とか言うわけです。ところが、意見が合わないとなった途端に、「先生」が「あんた」に変わる。「あんたね、政治は現実なんだよ」と若造の代議士に言われる。荷物をたたんで帰りたくなることが何度もありました。

だけど、そこで帰ったら負けだから言わせておいた。

佐高　つまみ食いなんですね。安倍晋三は歴史認識が問題になったときは、「ここからは学者にお任せする」と言いながら、集団的自衛権については学者に任せないんですね。

小林　僕はずっと、政治家が有識者懇談会を使うという手法はけしからんと主張してきました。本来、政策というのは、政治家が責任を持って方向性を出して、一番情報を持っている役人に政策メニューを出させ、政治家が決断して採択するものだと考えています。国会で堂々と議論して決めればいい。

ところが、選挙で選ばれたわけでもない学識経験者や有識者を集めて、もっと言えば、その分野の正統な学識経験者とは思えないような人や、学識はあるにしても結論において偏った人を集めて、首相官邸で会議し、それが報道されて権威づけられ、国民の前を素通りし、有識者会議が提出した報告書に従って政策を決めようとする。これ自体が民主主義に反するんです。国会は数合わせの儀式でしかない。だから、われわれは、国民的反対運動にしようと、それに対抗して国民安保法制懇をつくりました。

戦後七〇年談話だって自分の見識で書けばいいし、あるいは自分で書けないのであれば習字のできる人に教えてもらえばいい。

佐高　それはレトリックですよね（笑）。

小林　ええ。公述人として何度も呼ばれましたが、委員長がいつも「お越しいただいてありがとう。審議の参考にさせていただく」と言うんですが、僕は毎回、嘘だろうと思っています。打ち切りの儀式でしょう。自分に近い人の意見だけを取り上げて、あとは嚙み合わないまま言いっ放しで終わるんですよね。そういう体験が何度もありました。

結局、御用学者しか必要としないんですよ。こういう傲慢さがどこから出ているかというと、やっぱり自分たちは特権階級なんだという貴族意識です。国会議員の彼らの育ちを想像したらわかるじゃないですか。塀に屋根がついているようなすごい屋敷に住んでいて、黒塗りの車がいつも止まっている。代議士はほとんど東京へ出ていて、選挙区には奥さんと子どもがいる。子どもが小学校に遅れたら、秘書に「車で送って」ですよ。小学生のときから黒塗りの車で送迎されたら、一般人とは感覚がずれますよ。

それから、母親が命令口調で人を使っているから、子どもも同じように秘書や運転手を使う。人は背後にいる父親にお辞儀をしているのに、自分がお辞儀をされていると思ってしまう。そういう扱いを受けていると、自分が偉いかのように錯覚しておかしくなっちゃいますよ。

父親や祖父は一代で努力してその地位を得たとする。学識もあって度胸もあって、縁も運もあった。しかし、二代目、三代目というのは、代議士を頂点として首長や県会議員や村会議員など、利益配分のヒエラルキーをなくさないために、同じ家名のお坊ちゃんでいいからと自動的に乗せられる。彼らは何の準備もしていないわけです。実際、親よりも明らかに実力の低い人が多いですね。

佐高　まさに縮小再生産、威張ることだけは拡大する。たまたま小林さんも私も慶應で学びましたが、慶應だとより感ずることでしたよね。とんでもない金持ちのボンボンがいましたよね。自分の力でその地位を得たわけではない人たちの生態を目の当たりにしました。

小林　僕もいい勉強をしました。僕は母校の教授になったから別格で仲間にしてくれようとするけれども、気持ち悪いだけです。

佐高　ただ、慶應のよさというのもあるんですよね。「俺が、俺が」というのはあまりない。

小林　あと、寸止めというか、相手をとことんやっつけられない人のよさがありますね。

佐高　小泉政権のときに外務省で集団的自衛権の可能性について検討する研究会があって、結局は憲法九条の枠内で集団的自衛権を進めるのは無理だということになったらしいのですが、慶應の添谷《そえや》芳秀という人が入っていたみたいですね。

小林　上智大学卒でミシガン大学に留学して博士号を取り、慶應で政治学の国際関係論の教授をやっています。外務省御用達で日本についてアメリカで講演して歩くような人ですね。

僕もその時期に財界筋のいろいろな勉強会で、現憲法の下でどうしたら集団的自衛権は解禁できるかとよく聞かれました。その都度、無理でしょうとお答えしました。

それにしても、彼は政治学者でしょう。国際関係論だから状況を語るだけです。彼がどうして規範を語れるのか、僕にはまったく理解できない。

佐高　だから小泉や安倍にとって一番都合がいいですよね。

小林　そうそう。政治学というのは、基本的には政策とバランス・オブ・パワーの関係をどう動かすかという話しかしない。それは憲法学の話でない。やっていいことと悪いことや、やってはいけない禁じ手に関する議論を、そもそも勉強もしていない人にそういう規範の話を聞いても無理ですよ。

佐高　だから、そのような人が用いられることが、今の有識者会議や勉強会の問題点を一番表しているということですよね。

小林　そうですね。それから、細谷雄一という慶應の政治学の若い教授もそうですよ。彼も政治学の人なのに平気で憲法批判の話に入る。安倍首相の懇談会のメンバーですが、彼も言っていることが支離滅裂ですよ。

佐高　小林さんは自民党の勉強会に三〇年もつき合ってきたと言われましたが、決定的に変わったポイントはあったんですか。

小林　そんなものはないと思います。つまり、一つ一つが積み重なった結果です。心の中で切れた瞬間は憶えていません。量があるとき、質に変化することがあるでしょう。場を与えられなかったから、質の変化を示せなかっただけです。

佐高　いや、小林さんが変わったというのではなくて、自民党側が変わった瞬間はありましたか。

小林　はっきり向こうが変わったなと思ったのは、今の自民党の第二次改憲草案の審議のときに、久しぶりに自民党の憲法改正推進本部にヒアリングに呼ばれたんです。信じられない思いで行ってみたら、慶應の卒業生の保利《ほり》耕輔代議士が本部長で、議題は天皇の章だった。「あなたは天皇が元首だと思うか」と問われたので、僕は天皇について比較憲法学的な常識を語ったわけです。元首というのは、大元帥ではない、アメリカでは大統領、イギリスでは女王、日本では天皇。比較憲法学的に言うなら、「天皇が元首でしょう」と答えたんです。元首と書くか、象徴と書くか、それは政治の問題ですと、そういう話をした。

そうしたら、保利さんが「小林教授に天皇は元首だと言っていただいた。これは成果だ」と喜んじゃった。すぐに僕が「憲法は政治家が国民を縛るものじゃなくて、国民が政治家を縛るものだ」と話し始めたら、「あ、先生、それは言わなくていいんです。今日はそれを聞こうと思っていませんから」と制止された（笑）。こういう扱いを露骨にされました。

もう一つは数年前、小泉内閣だか第一次安倍内閣だったたか、党本部から電話で、「先生、ちょっと論調を工夫していただけますと、講演会の仕事を差し上げられるんですけど」と言われました。僕は「バカ野郎」と言って電話を切りました。向こうは僕のことを味方ではないと認識し、利用やコントロールを試みたんでしょうね。

安倍晋三という男

佐高　なるほど、それで今回は痛罵《つうば》するということになった。安倍晋三とは何度も会っているんですか。

小林　何度か同席してはいるんですが、決定的なことが一度ありました。福岡から東京に帰る飛行機の中で、「小林先生」と声をかけられた。僕が前から三列目か四列目の窓側に座っていたら通路から声をかけられて、ふっとそちらを見たら安倍さんだった。自民党の部会などで向こうはこちらを知っていた。たまたまそこで僕が読んでいたのが、ある財界系の勉強会のレジュメで、「どうしたら日本は九条を改正せずに集団的自衛権を解禁できるか。やはりできないだろう」というものでした。機内で四〇分間、二人で議論しました。結論から言うと、解釈改憲は無理だと。そこで、九条を改憲するのはハードルが高いから と、九六条を改正しようとした。しかし、九六条の改正もつぶされたから、「この際だ、九条も無視しよう」という考えに至ったのでしょう。

佐高　安倍晋三は議論できるレベルにあったんですか。

小林　英語で言いましょう。「It's a question」です。今、どこまで答えていいかという迷いが自分の中にあって、戸惑いながら考えています（笑）。

佐高　では、少し考えていてください（笑）。

安倍晋三がお腹が痛いと言って首相を辞めた頃、あるとき大学のゼミの同期である毎日新聞の岸井成格《しげただ》（特別編集委員）と赤坂で食事をしたことがあった。

岸井が私の先を歩いていて、私は後ろからついていく形で店から出てきたら、安倍が新党改革の荒井広幸と二人でどこかから出てきた。安倍晋三の親父の安倍晋太郎は毎日新聞出身で、岸井の先輩です。安倍と岸井が「やあ」と握手し始めた。岸井の後ろにいる私に気づくと、安倍晋三の手が途中で止まってしまいました。顔がこわばっていましたね。

一応私が年上なので、私から「安倍さん、初めまして」と名刺を交換しましたけどね。あんなふうに顔がこわばる人なのか、と思いました。辞めたとはいえ、自民党総裁までやった人でしょう。その人が他の党、しかも荒井みたいな政治家しか友達がいないのかと。第一次安倍内閣はお友達内閣と言われたけれども、それは首相だから寄ってきた人たちにすぎない。本当の意味での友達がいない人なんだなとも思いました。そういう印象を強くしました。

さて、考えはまとまりましたか（笑）。

小林　安倍さんの顔がこわばったのは、相手が佐高信だからでしょう（笑）。

先ほどの答えですが、正確には「It's a tough question」でしたね。難問です。まっすぐ答えずに、すでに別のところで活字にしたことで答えます。

あの方が最初に総理大臣になったとき、『美しい国へ』（文春新書）を出しました。買って読んだんですけれども、びっくりしました。「法の支配」と書くべきところを、何度も「法律の支配」と書いて憚らない。「法の支配」とは、国会でつくった法律であっても、憲法という上位法に反してはいけないということです。法の支配とは、憲法の支配なんです。ところが、「法の支配」と言うべきところを、「法律（すなわち国会）の支配」と書いている箇所がいっぱい登場する。つまり、国会は憲法を無視する……です。ぶったまげました。屁みたいな本です。大学教授式に採点したら、これは〇点です。

僕が驚いた理由は、これはご本人が語ったものを本にしたのだろうと思いますが、彼の周りにそれを正せる知性と勇気のある人間がいないということです。要するに、あの方に「法律の支配ではなく、法の支配です」と言ったらまずい雰囲気があるということですよね。

週刊誌の見開き二ページで、こんな初歩的な間違いをするのはいけないことだ、もし反論があったら、他のネタも出せるという含みで書いた。その後は特に何も起きなかった。そんな天下の総理大臣が国語や法学概論のレベルで躓《つまず》くような本を出すところが気持ち悪い。ショッキングな体験でしたね。あの人を評価するとき、過去にしゃべったことや握手したこと、あの人の態度のことを思ってしまう。

佐高　私は二回半くらい会っています。先ほどの赤坂の後にまた会った。西部邁と一緒にいたときです。安倍がよく行くバーにたまたま行ったんです。すると、向こうのほうが余裕を持っているんですね。一回目に顔がこわばったときとは違って、ホームグラウンドでしゃべっている感じでした。

そのとき、安倍が「佐高さんと最初に会ったのは○○のときでしたよね」と言ったんです。赤坂より以前のことを言う。日本信販の創業者の山田光成という人がいまして、それは城山三郎さんが『風雲に乗る』という小説に書いている人物なんですが、私は山田さんにすごく可愛がられた。非常に面白い人でした。経営者ですが、頼みもしないのに私の本を買い込んで配ってくれるような人だったんです。

山田さんの息子が成蹊大学で、安倍とほぼ同期だった。その孫の結婚式に私は呼ばれました。山田さんはすでに亡くなっていて、ご家族は城山さんを呼びたかったんでしょう。私は介添えの役割で呼ばれた。城山さんと私はメインテーブルに座ったんですが、後ろのテーブルに安倍も塩崎恭久もいたんです。塩崎は城山さんに挨拶に来た。隣にいる私にも一応挨拶していきました。安倍は挨拶に来なかった。来たくなかったか、気後れしたか、どちらかでしょうね。別に声をかけなかったけど、顔はお互いに見ている。そのときのことを、バーで会った安倍は言ったわけです。和やかにするつもりなのか、しつこく憶えていたのか、わかりませんけれども。

小林　すごく意識していたんですね。でも、挨拶をしたくはない。つい思い出して、そう言ってしまったんだ。そこが迂闊《うかつ》ですよね。無視しきったらよかったのに。

佐高　私が久米宏の「ニュースステーション」に出演していた頃に、当時、安倍晋三が新人議員として所属していたのが三塚派でした。その番組では、株の損失補塡が問題になっていました。そのときに損失補塡を受けていた人の一覧表が出回っていて、氏名欄がアルファベットになっていたんです。ちょうどMFとMHが並んでいて、私が「MFの間に〝O〟が入ればMOF（大蔵省）になりますね」と冗談を飛ばした。そして、「また、MHは三塚博なら面白いですね」と続けたんですよ。

そうしたら、安倍が一番しつこく電話をテレビ朝日によこしたそうです。そういうことを私がディレクターから聞いていることを、安倍は知らない。だから、「最初にお会いしたのは」と言われたときに、安倍の人格について考えてしまいましたね。

「壊憲」の源流、岸信介の憲法観

佐高　（二〇一五年）六月二五日に行われた自民党の勉強会で、作家の百田尚樹が沖縄二紙を「つぶさなあかん」と放言した挙句、調子に乗って「本当につぶれてほしいと思っているのは、朝日新聞と毎日新聞と東京新聞」と発言した。自民党はすごくおかしくなりましたね。安倍首相が好んで共著まで出した人ですけど。

小林　ああ、非文化的な文化芸術懇話会ですね。

佐高　そうそう。「壊憲」が勢いを増している原因の一つに、祖父の岸信介という人の存在があると思っています。

　岸信介は上杉慎吉の弟子ですね。東京大学には天皇主権説の上杉慎吉と、天皇機関説で有名な美濃部達吉という憲法学の二つの流れがありました。岸はそういう上杉慎吉の熱心な信奉者だったわけですね。明治憲法に戻そうとしているという底流の基礎には、岸の師匠の上杉慎吉という存在があるんじゃないかと、私などは考えるのですが、そのあたりはいかがですか。

小林　僕はもっと別の生臭さで考えています。岸さんは当時、東大法学部の二大秀才の一人でしたね。一人は我妻栄《わがつまさかえ》で、彼は純然たる民法学者になり、もう一人は岸で、役人になった。

第二次世界大戦を別の角度から見ると、軍人の責任者は東条英機、文官の責任者は、形式上はナンバー2であろうと、実質的には岸信介です。要するに、岸はスーパー・エリートであることを権力者になることに使ったんだと思う。思想性というよりも先を見据えて、東大では上杉を取ったほうが得だと思って行動したんじゃないかと思います。

戦争が負けに傾いたときに、岸は東条英機と喧嘩して、いったん田舎に帰ったでしょう。それで反戦派の安倍のおじいちゃんと会う。

佐高　安倍寛。

小林　そう。岸は安倍寛とちょっと仲のいいふりをした。それはあえて言えば、もう日本が負けると兵站《へいたん》の責任者として読めたから、保険をかけたんだと思うんですね。

戦後、A級戦犯容疑者として、めでたく東条英機と一緒に巣鴨プリズンに入れられましたが、東条は絞首刑、一方、岸は起訴もされずに出てきた。やがて巡り巡って日本の総理大臣になり、日米安保をつくるわけですが、生きて出てこられた理由は、アメリカのエージェントになったからでしょう。魂を売って、彼は生き延びた。

だから、そういう意味では、すごく忸怩《じくじ》たるものが彼にはあったんでしょう。岸さんがまだ存命のとき、彼がつくった自主憲法制定国民会議でお会いしたことがあるんです。二九歳でアメリカ留学から帰国した後、三四歳ぐらいからずっと僕も一緒につき合っていた団体でした。助教授のときです。

佐高　ほう、留学から帰ってきて。

小林　勉強会では、現職の議員は一人か二人で、元議員が数人。あとは右翼のアクティビストと、僕の知らない大学の教授で、日本国憲法よりも明治憲法に詳しく、日本国憲法を学んでいない帝国大学の出身者たちでした。

その人たちの思いは、つまり、第二次世界大戦で負けたことを否定したい気持ちがすごく強いわけですよ。だから、戦争に負けて与えられた憲法をチャラにしたい。いつも僕は、「負けた以上、しょうがない。そんなに悔しかったら、もういっぺん戦争をして勝つしかないですよ」と突き放して終わっちゃいましたけどね。

岸にはつまり、三つのポイントがあるということです。明治憲法下のスーパー・エリートであること、自分のせいで国が負けたこと、自分が魂を売ったのは国を再興するためだと自分に言い聞かせて生き延びたこと。でも、それは言い訳だと思うんです。だから、何とかそれを正当化するために、今の世の中はよろしくない、明治の時代はよかったという郷愁の旗を振らせて戻ろうとしている。岸はそれくらいしたたかな男だったと思うんですよ。

佐高　今の話はびっくりした。岸とかなり会っているの？

小林　一回だけですよ。

佐高　一回だけ。彼の印象というのは、ある種のテクノクラートという印象ですか。

小林　それ以上です。やっぱり化け物ですよ。魂を売るというのは半端なことじゃないですよね。魂を売ってしまえば、あとは野となれ山となれ。いや、そんなもんじゃない。悪魔に列するということです。覚悟の据わった悪党の世界ですよ。

佐高　なるほどね。

小林　たった一回、岸さんと立食パーティーで会って思ったのは、ああ、この人は妖怪だという感慨です。本当に持っている空気が妖しかった。

佐高　満州の妖怪と言われましたね。

小林　東大を首席で卒業したのも、二つの憲法学のうち、当時のトレンドを取ったのも、すべて出世の道具ですよ。見事、戦争の実質的な責任者に昇りつめ、満州の責任者もやった。実質的な責任者だから、敗色濃厚の気配が見えてきたときに、軍人より先にわかるから、さっさと反戦派と手を打つ儀式を、アリバイ工作をやった。

佐高　もう少し露骨に言うと、そもそも官僚に魂はあるのか、という前提の問題がありますよね。つまり、売るテクニックだけを備えているという。

小林　そういう意味では、魂がないのかもしれない。というよりも、そういう卑《いや》しい魂なんですよ。

日米安保改定と引き換えに総理大臣を辞めて以後、日本はアメリカ側についたから、世界最強のアメリカが守ってくれるから、再び戦争でつぶされる心配はない。なぜかというと、冷戦が始まりましたから。戦争にはもうならない。

そうすると、岸さんの心のうちには、宿敵アメリカの懐の中で生き延びて、何とかあの屈辱を晴らしたいという思いはある。つまり、罪を犯した自分の中で、いろいろ複雑な反作用みたいなものがあると思うんですね。自分なりにケリをつけたいというのが、自主憲法制定運動を死ぬまでやっていた理由だと思う。

岸は、「日本国憲法は占領下に改正したから、これは押しつけ憲法で、違法である。だから、無効である」と考えていた。そうすると、われわれ日本民族が自ら手にした憲法は明治憲法しかない。だから、あの運動で発する言葉は一つ、「明治憲法に実質的に戻ろう」ですよ。自民党の改憲主流派には、明治憲法下のエスタブリッシュメントの子孫の世襲貴族のような議員たちか、あるいは成り上がりで世襲貴族に奉仕して自分も仲間に入れてもらおうという卑しい連中の二種類しかいないじゃないですか。

押しつけ憲法であっても違法ではない。ハーグ条約によれば、「占領に支障なき限り被占領地の基本法を変えてはいけない」とある。支障があったわけです。つまり、日本は人権を無視したから、あのようなクレイジーな戦争ができたわけです。天皇の名前を出せば、たかだか陸軍大臣が戦争を始めても、国民はそれに対してついていくしかなかった。ちょっとでも批判的なことを言ったら、特高警察が来て令状もなしに連れていかれたわけでしょう。

そんなことをやめさせるためにポツダム宣言があり、民主化、軍国主義の除去、人権の補強が行われた。だから、国民主権、人権尊重、平和主義の新憲法を立てなかったら、占領の目的を達しないわけですよ。

佐高 今、クレイジーな戦争だと言ったけど、岸とか周辺の人たちはそうは思っていないんですよね。官僚の特徴というのは、成功したか失敗したかで捉えるところがあるわけですが、そこに罪の意識はあまり入らないですよね。

小林 ゲームに負けたんです。そうでなかったら、あんなにたくさん人を殺して、平気でいられるはずないじゃないですか。永田町にいて、人殺しゲームをやっていたわけです。

佐高　それをまっすぐ安倍は継いでいると。

小林　安倍はおじいちゃんのような時代も生きていないし、おじいちゃんのような場数も踏んでいないから、まず胆力が落ちる。おじいちゃんが東大で首席になったように出世の手段として、幻覚を見るほどの勉強もしなかった。そういう根《こん》を詰めた勉強もしていない。あの時代の人は恐らく、田舎の資産家だったとしてもエリートの務めとして、旧制中学と旧制高校で本当に根を詰めた勉強をしてその地位に就いたと思うんですね。

ところが、戦後の世襲議員たちは、家名に守られて希望どおりのことをしてもらいながら、自分に負荷をかけない。

佐高　祖父と孫とで決定的に違うのは、岸というのは、社会党右派から立候補しようとしたことがあるんですよ。だから、「両岸」と言われる。岸はマルクスを読んでいますよね。そこがひ弱な孫とはぜんぜん違うんだと思うんです。

小林　僕も読みましたよ（笑）。

佐高　それはもちろんでしょう（笑）。そこで両者の輪郭がわかる。孫のほうは、ただ嫌だと、ダダをこねる。あいつらは嫌いだと。

小林　岸さんは本当に修羅場をくぐっているし、命の危険がいっぱいあったし、とことん勉強をしている。それに対して、安倍さんは胆力を鍛えるような修羅場を一つもくぐっていない。勉強も中途半端です。

端的に言えば、岸さんは冷静な悪魔、安倍さんはとんまなお子ちゃまなんですよ。とはいえ、世襲貴族集団が過半数になった今の自民党の構造では、親父さん、おじいさんの貸し借りの関係で総理大臣にまでなってしまう。だから、「俺のどこが悪いんだ、俺に価値があるからここまで来たんだ」と勘違いしてしまう。根拠のない万能感を持っているから怖いんです。

佐高　安倍寛の話が出てきて、なるほどと思った。岸は安倍寛の息子の安倍晋太郎と自分の娘を結婚させますね。安倍寛という人は、非翼賛で非推薦です。そうすると、岸とはぜんぜん違う人でしょう？

小林　権力者は政略結婚することに平気じゃないですか。人間でなく、悪魔なんだから。しかも、悪党が善人のところに娘を出すほうが楽じゃない？　善人が悪党のところに娘を出すほうが怖いですよ。

佐高　そういえば、ダイヤモンド・オンラインに「一人一話」というものを書いているんですが、最近小林さんを取り上げました。

小林　ああ、ほんと。

佐高　締めの文は、「無敵のように見えるけども、一人娘には弱い」と。

小林　そのとおり（笑）。

佐高　そこだけは書いておきたくて。

小林　娘のことになると冷静じゃなくなりますよ。

自民党右派の憲法観

佐高　先ほどの話になりますが、「明治憲法に戻ろう」と言う人々は、ある種イデオロギー先行ということですか。

小林　彼らはとにかく押しつけ憲法に憤慨し、「明治憲法に戻ろう」です。僕はそれに対して、「押しつけられたのは、世界史の中で日本がクレイジーな振る舞いをしたからだ」と反論した。よく彼らは、「日本は侵略者ではない。白色人種からアジア同胞を解放しようと思って戦争に行ったんだ」と言うけど、嘘ですからね。自民党系の勉強会で、「嘘をつかないでください」と何度言ったことか。

世界の歴史が民族自決の時代になり、アジア各国は独立したけれど、それは日本が独立させてあげたわけではない。もし本当に彼らを独立させる気だったなら、西洋人が横文字の言語とバイブルを持っていったように、なぜ日本語と鳥居を持っていったのか。おかしいですよね。インドネシアをよくしたと言うけど、インドネシアに日の丸と日本語と盆踊りを押しつけちゃいけないんです。そういうことを平気で言ったわけですよ、僕は。

佐高 そのとおり。

小林 ここまで言うから、自民党から案内状が来なくなっちゃうんだけど。

佐高 そのときは反発されたでしょう。

小林 それはもう。だけど、考えたら反論のしようがない。

憲法についても、「自ら愚かな戦をして負けることによって、いい憲法をもらった」と言ったら、ジジイたちが「けしからん」と興奮してね。「戦後教育の徒花《あだばな》」と言われました（笑）。

佐高 血圧が上がった（笑）。

小林 「やっぱりアメリカに留学した奴はアメリカ呆けだ」と罵倒されました。こっちもこんなバカな連中とつき合っていられないと思った。

佐高　憲法がいい憲法かどうかというところも、彼らにとっては不満なんでしょう。

小林　そうです。戦争法案は違憲であると述べた憲法審査会でも、四〇代の東大を出て経産官僚だった若造議員が押しつけ憲法論をがんがん言ってきて、僕らに納得させようとするわけですよ。「戦に負けたんだから仕方がないでしょう」とあしらいましたがね。「負けるって、そういうもんですよ」と。

佐高　クレイジーな戦争で負けて、合格点の憲法をもらったんだという小林さんの言い方ですね。

小林　それはずっと変わっていません。自分たちで合格点の憲法をつくる能力がなかったんですから。

佐高　遠藤誠という弁護士がいました。オウム真理教の麻原彰晃《しょうこう》から弁護を頼まれたりした人。

小林　暴対法に反対でしたね。僕も何度かお会いしたことがあります。

佐高　そうですか。亡くなりましたけど、釈迦マル主義者なんて自称していた。自分は釈迦とマルクスの両方を信奉すると。あの人が暴対法のときに山口組の弁護をするんですよ。そうしたら、誰かが当時の組長の渡辺芳則五代目に告げ口したらしいんですよ。「遠藤は左の人間だから、遠藤なんかに頼んでいると山口組が左傾化します」と。

それで、渡辺芳則が遠藤さんに、「こう言われたんですけれども、遠藤先生、今、左と右を分ける目印というのは何ですか」と聞いた。遠藤さんが「あの戦争を侵略と認めるかどうかでしょう」と答えると、渡辺は何と言ったか。すかさず「あの戦争は侵略ですよ」と。「他人の縄張りに踏み込んだんだから」と言ったというんですね(笑)。遠藤さんが「そんなことを言ったら、渡辺さんも左と言われてしまいますよ」と言うと、渡辺は「それで左と言われるなら左でもかまわない」と言ったとか。

遠藤説に従えば、小林さんはずっと左なんですよ。

小林 なるほど。ようやく居場所が見つかった(笑)。

佐高 それは満州を見れば一番よくわかりますよね。私は『石原莞爾 その虚飾』(講談社文庫)を書くときに満州のことを調べたのですが、アジア解放の一つとして満州建国大学というのをつくりますでしょう。五族協和ですから、そこに各民族に割り当てて人数を入れるわけです。もちろん日本人が多いんだけど。そこで、今の大東亜の五族協和というのを教えるんですが、現実はぜんぜん違うわけです。鳥居と日本語だから。そうすると、この卒業生は全部、反日の闘士になっていくわけです。

小林　つまり、五つの民族がいるとしたら、日本人が優越して、あとの四つの民族は日本に倣《なら》えと教育をしたんでしょう。

佐高　そう。形だけ整えても、それは当然、全部反日の闘士になるわけですよね。

小林　反日の闘士のスーパー・エリートをつくっちゃうわけだ。敵軍の司令官をつくっちゃうようなもんじゃない。

佐高　そうそう。そういう人たちが故国に帰って独立戦争を起こしたと。それを解放呼ばわりしたら、彼らにしてみればいい迷惑ですよ。

小林　大学で日本の手先を作ろうとしただけですよね。

軍隊は何を守るのか

佐高　私の考え方からすると、軍隊は政権の番犬ですよ。政権が軍隊を持てば国民は守ってもらえるのではなく、国民を守らないで、むしろ国民に銃口を向けるものだと思っているわけです。たとえば、元幕僚長の栗栖弘臣《くりすひろおみ》という人がいましたね。金丸信が防衛庁長官だったときです。彼がちょうど二〇〇〇年に『日本国防軍を創設せよ』（小学館文庫）という本を書いている。その中で、自衛隊は国民の生命、財産を守るというのは誤解である、国民の生命、財産を守るのは警察の役目であって、武装集団たる軍隊の任務ではないと明言している。では、自衛隊は何を守るのかといえば、国の独立と平和を守るという。

つまり、国の独立と平和を守るということと、国民の生命、財産を守るということは、自衛隊のトップの頭の中では分かれているわけです。軍隊は国民の生命、財産を守らないと。満州での関東軍の話や沖縄の日本軍の話を見れば、やはり軍隊は国民を守らないじゃないかというような流れから、私などは九条論にたどり着くわけです。

小林　僕はそこが違うんですよね。

佐高　だから、そこは軍隊論を小林さんにおうかがいしたい。

小林　正確に話すので正確に聞いてください。たとえば、有事法制というのは日本に特殊なことではない。どこの国にもあります。戦争になると、軍隊は迫ってくる敵軍とのおつき合いで手いっぱいになるんですね。その結果、軍隊はそういう意味では敵を殲滅《せんめつ》して国を守る。政権を守るのではなく、器を守る。

器の中で、われわれ国民はどういう状態になるかというと、有事法制では、戦争の邪魔にならないように避難して暮らすことになります。その避難している国民の面倒をみるのは自治体です。国民の生命、名誉、財産、女性の場合は貞操などを守るのは、犯罪に対する警察の仕事なんです。

だから、軍隊というのは、役割分担として、個々の国民の生命と財産を守るものではない。うっかり「軍隊が国民の生命と財産を守ります」なんて言うと、「ちょっと兵隊さん、私を助けてよ」になってしまうんですね。向こうから迫ってくる敵軍に対峙するというのが軍隊なんです。

沖縄戦で民間人が犠牲になったのは、軍隊が悪かったんじゃなくて、国がバカな戦争をしたからなんです。勝ち戦だったら、絶対国民は犠牲にならない。あれは負け戦だから、軍隊も兵站が絶たれて、軍隊自体が穴倉を逃げ回っている状態だった。軍隊にしてみれば、ここで陣地をつくって敵と向かい合うのに、おまえらは邪魔だ、出ていけというのは、軍隊の論理としてはありうるんです。軍人は軍人なりに死ぬ瞬間まで目の前にいる敵と対峙して、敵と対決して、敵を退治することによって国を守ることに命を懸けるんです。軍人である以上、最後の瞬間まで周りの民間人の面倒を見てはいけない。国民の生命と財産を直接守るものが軍隊だというのは、僕は間違いだと思う。

国民は抵抗権を持つ

佐高　抵抗権というのもありますね。

小林　安倍さんに対する抵抗権というのはわかりますよ。

佐高　そのときに、国と安倍政権というのは別ですよね。

小林　別じゃないと思います。なぜかというと、国というものは抽象的な法人格で約束事なんですよ。だから、国がわれわれの前に現れるときは、国の名で行動する資格を持ったわれわれと同じ自然人、つまり、公務員の行動を通して国民は国に出会うんですね。

よく使う例は、スピード違反で捕まったときは、日本国の道路交通法に違反して日本国に捕まったんです。しかし具体的には、あの憎きおまわりさんに捕まるわけです。だから、安倍のすることに納得できない以上、国のすることに納得はできないことになるんです。政治的な意味で国という場合、今は安倍政権なんですよ。

ただ、そうであっても、安倍が憲法に違反して戦争をしたり、憲法に違反して国民の表現の自由や知る権利を奪ったりしたら、われわれには最後の手段として、安倍政権を倒して日本国を改革するという選択肢があります。

佐高　それが抵抗権ですね。

小林　そう。われわれには、日本という器にあるべき指導者を入れて、本来のまともな姿に日本をつくり直す権利があるとされています。アメリカ独立宣言には書いてありますよ。

佐高　そのあるべき政府というのは、常にあるべき状態にあるとは限らないですよね。

小林　そうです。あるべき状態からあまりにかけ離れてしまって、権力側が無反省である場合には、最後のぎりぎりのところで、生身の人民が武器を持って戦うことも正当化されるんです。

佐高　日本国憲法の中に抵抗権というのは明記されていないですよね。

小林　ありません。

佐高　それは他の国の憲法ではどうですか。

小林　詳しく見たことはありませんが、少なくとも、アメリカ憲法の前文にあたる独立宣言には、みんなが幸福になるために国家という組織をつくった、国家が国民の期待に反した場合には、われわれはそれをリセットできるということが書いてあります。それは抵抗権ですよ。

佐高　明治の自由民権運動の植木枝盛《えもり》の憲法草案には、抵抗権の思想が盛り込まれていますね。

小林　明治の教養人というのは、欧米の教養が直に入ってくるじゃないですか。情報統制する考えもなかったし、皇国日本でありながら、教養人の範囲内ではすごいことが当然のように知られていましたよね。国民が広く共有してはいないと思いますが。

佐高　私は護憲の立場に立つけれども、もし改めるとしたら、抵抗権を明記したらいいんじゃないかと思いますが、いかがですか。

小林　思いません。やっぱり、われわれは賢い国民になって、安倍政治みたいなものを生まないようにしなければいけません。生んだらさっさと武器を使わずに刈り取る能力があればいいんです。

佐高　抵抗権というのは、危険思想であると。

小林　危険です。早めに発動してしまう可能性がある。僕だって、これだけ議論しても面倒くさいとなれば、誰かが革命を起こしたらいいぞと思うかもしれない。オウム真理教の事件みたいなことがまた起こるかもしれない。それはしかし、戦国乱世の始まりですから、よくないですよ。

佐高　抵抗権というのは、せいぜい革命権みたいなものになっていくと。

小林　抵抗権というのは、基本的には武器を持って戦うことです。今は安倍さんの側、武器を持っている側が、権力者によるクーデターをやっているわけですけれども、彼は三割の得票率で七割の議席を取って威張っているだけですから、次の選挙で倒してやればいいじゃないですか。

佐高　常に軍隊には、政権が私物化するという危険性はありますよね。番犬化するというか。

小林　そうですね。今回の論争でも、元自衛隊OBの偉い人たちは、みんなトンチンカンで、政府側を支援する発言をしています。彼らにとっての最高の上官は総理大臣です。上官に逆らわないという躾《しつけ》をされていますから。番犬が勝手に歩いたら困るでしょう。番犬は条件反射的に親方に「はい」と言うことを聞く。死ぬまで彼らの性格は直らないですよ。

　だからこそ、われわれが主を取り替えればいい。国民を大事にする政府にすればいい。国民を大事にする政府が「お手」と言えば、自衛隊は「はい」ってなりますよ。

佐高　フランスではいろんな革命があって政権が引っくり返りましたね。

小林　フランスやアメリカの場合は、国家で一番偉いのは個々の国民だという思想が徹底している。だから、中央政府というのは雇われマダムだという意識が強い。日本は一番上に天子様がいたから上が偉い。どうしても上に向かってお辞儀してしまう。もうこれは民族性なんです。要するに、憲法の常識として、一番偉いのは国民で、その次は地方自治体で、地方自治体が全部ばらばらだとまずいから連絡するものとして連邦政府がある。連邦政府には憲法で認められた権限しかない。憲法によって権力が制限されているんです。

日本の場合は、国家権力はオールマイティーで、主権者は国民だから、抽象的です。だから、憲法や法律で制限されなければ権力の側は何でもできる。憲法で制限されない限り、法律をつくれば何でもできるというアプローチですよ。逆ですね。

第三章　自公政権は「憲法泥棒」

現役閣僚の一五名が名を連ねる日本会議

佐高　二〇一五年六月、日本外国特派員協会で小林さんと長谷部恭男さんが会見されたとき、日本会議の話が出ましたね。小林さんは誘われなかったですか。

小林　誘いは基本的にありません。ある時期からその手のものに誘われても、すべて無視している。誘いはあったかもしれないけど、記憶にありません。僕は日本会議のメンバーに知り合いがたくさんいますが、もう距離を置いているし、最近、向こうも僕のことを気持ち悪いものを見るような目つきで見ています。

佐高　友達が悪くなっていくと（笑）。

小林　あいつは敵だとか、あいつはどうかしちゃったとか、そういう態度です。人にレッテルを貼られているなという感覚を持っています。

彼らに共通する思いは、第二次世界大戦で負けたことが受け入れがたく、その前の日本に戻したいと思っているようです。憲法改正によって彼らがつくろうとする新憲法は明治憲法と同じです。明治憲法下の五大軍事大国となって世界に進軍したいと考えているみたい。よく見ると明治憲法下でエスタブリッシュだった人の子孫が多い。

安倍首相のブレーンには日本会議やそれにつながる神道系の人たちが多く、今の自民党や安倍政権は事実上、日本会議に乗っ取られてしまったと言えると思います。

佐高　いわば安倍機関説。

小林　そうです。思想信条の自由、結社の自由が保障されていますから、彼らが集まるのは自由です。しかし、それを通じて国家権力を奪取し、日本人全体を自分たちの価値観に染めようという考え方は間違っている。神道は本来、惟神《かんながら》の道といってあらゆるものに神性を認め、寛容であるはずですが、日本会議の人たちは神道系でありながら、他者の価値観に不寛容で、絶対に意見の違いを認めません。他の表現が思いつかないのであえて言いますが、権力を使って思想統制しようとする姿勢はナチズムにも似ています。現行憲法に照らしたら違憲な存在ですよ。

佐高　日本会議のメンバーには知り合いがいっぱいいるとは、たとえば？

小林　衛藤晟一《えとうせいいち》首相補佐官。大分大学出身の唯一の国会議員です。彼の息子が僕のゼミ生で、最近、県会議員になったはずです。

佐高　衛藤晟一という人は、亀井静香の子分でしょう。亀井が野中広務と一緒に村山富市を担いで「自社さ」政権に走りますね。そのときに自民党の主流から、なぜ社会党の村山を担ぐんだと突き上げられてその話が壊れかかって、総務会でも紛糾した。そのとき衛藤が立って、「村山さんが首相になって一番困るのは俺だ」と発言した。

小林　同じ大分の選挙区だから。

佐高　でも、自民党が政権に復帰するにはこれしかないんだと。そうしたら、そのワーッと批判していた空気がガラッと変わったそうですよ。

小林　戦略的には賢いですよね。少数派に首班を与えなかったらまとまらない。

佐高　そうそうそう。

小林　素晴らしい浪花節じゃない。

佐高　衛藤晟一が一節うなったらしい。今の自民党の若手を見ていると、他の世界に触れていないですよね。

小林　紆余曲折を経て今日まで来たというのではなくて、おバカな子どもが最初に学んだことにはまっちゃっているという感じで、かなり単細胞な思考の人物が多いですよ。

佐高　それはどのあたりから変わってきたんだろうか。

小林　いろんな意見があるということを知っている僕らの世代と違って、自分の意見と違う意見に対して論じ合う経験も材料も持っていない。だから、ぶち切れて罵詈雑言《ばりぞうごん》で終わっちゃうんですよ。そういう意味では、僕らより若い権力者たちはかなり知的能力が下がっていますよね。

佐高　小林さんのゼミの卒業生にも政治家が何人かいますか。

小林　民主党の長島昭久。彼はちゃんと悩みながら滑って転んで育っていますから懐が深い。自民党の世襲議員で近藤鉄雄の息子の近藤洋介（民主党）もゼミ生です。彼は自民党系無所属で出て落選を続けて、僕の紹介で鳩山由紀夫に出会って民主党に入り、比例復活から国会議員になってから、もう何期も議員をやっています。

池田大作から贈られたメロン

佐高　小林さんは池田大作にも会ったことがある？

小林　ありますよ。

佐高　池田に会ったことのある人は、今、なかなか少ないですよ。

小林　いつだったかな。記録を見れば正確にわかるんだけど、一九九六年から一年間、僕はアメリカに行ったから、帰国した翌年の九八年の三月かな。

佐高　きっかけはどういう。

小林　その前に自民党が野党だった細川政権のときあたり、自民党の亀井静香が「政教分離違反の公明党」と大騒ぎをしたことがありました。

憲法学者というのは、一般に、一つはマスコミ嫌い、もう一つは共産党は好きだけど公明党が嫌いというのがあって、みんなが黙っていたときに、僕がどこかのメディアでそんなことはないだろうと語ったわけです。公明党は政教分離違反であるはずがないという、世界の常識を比較憲法学から語った。

政教分離というのは、昔、フランスのカトリックがしたようなことをしてはいけないという歴史的な反省から生まれたものです。たとえば、公明党が国家権力を取って、公明党の会館に警察署と教育委員会を移したり、あるいは創価学会員でないと総理大臣になれないルールにしたりすることを政教分離違反というのだと。

人間には、信教の自由と参政権の両方が保障されています。もし政教分離に違反しているとすると、家庭の宗教が創価学会で生まれつきの創価学会員である人が一八歳になって参政権を持ったとしても、あなたは創価学会員だから選挙してはいけませんという話になってしまう。だから、信教の自由も参政権も両方使えるような解釈しかありえないわけです。

要するに、宗教と政権とが一体化するようなことがいけないのであって、宗教的信条によって仲間が政党をつくるという例が西欧諸国にいっぱいあるように、公明党も例外ではない。ただ、公明党がそういう独裁政権を目指すのだったら、その政策は憲法違反ですというような話をしたら、公明新聞が取材に来た。僕の話がわかりやすくてキャッチ・コピーにしやすいもんだから、聖教新聞まで取材に来た。とうとう各地の創価学会員が呼んでくれて、年に一二カ所も講演に行きました。講演会場に行くと、僕の記事が載った聖教新聞や公明新聞を持った学会員たちが、僕を拝むように講演を聞いてくれることがあったわけです。

そうしたらある日、当時は日吉（横浜市）の3LDKの分譲マンションに住んでいたのだけど、その車寄せに鯨のような車が止まった。

佐高　鯨？

小林　鯨のように黒くて長い車。創価学会の副会長が桐の箱に入ったメロンを二つ持ってきて、「池田先生からのお裾分けです」と言う。メロンに通し番号が打ってあった。「このメロンは天皇陛下と池田先生しか食べられないいんですよ」と言って置いていった。

その後、本や果物がよく送られてくるようになったんですが、お礼状を書いていいものかどうかわからないから、創価学会本部総務部宛に手書きのファクスでお礼状を送りました。そういうつき合いをしていたんです。

その頃ちょっと中年の疲れか、どこか自分が擦り切れたなと思って、大学の有給休暇を利用して、四六歳のときハーバードに一年間「出稼ぎ」に行ったわけです。若いときはロー・スクールに勉強に行ったんですが、このときにはケネディー・スクールに行ってフェローの肩書をもらってのんびり遊んでいた。

僕が渡米するときに、池田大作名誉会長が「行ってしまうんですか。寂しくなりますね」と言って、僕に金張りのモンブランのペンをくださったんですね。三越の包みに入っていた。創価学会のどこかで記録映画を見せられる機会があって、集会の前後で池田名誉会長がサインしているのを見たら、同じペンでしたよ。

それで帰国してから、「池田先生は歴史上の傑物だから、会ってみたいんですが」と言ったら、「よろしい」と言われたのが九八年の三月です。すごくたばこ臭いプレジデントが迎えにきた。「たばこ臭いね。この車は誰の車?」と聞いたら、「秋谷《あきや》栄之助会長の車です」と。僕がたばこ臭いと言ったものだから、帰りは池田名誉会長のベンツに替わったけど(笑)。

佐高　それはよかった（笑）。

「小林先生、あなたはいい顔をしている」

小林　池田名誉会長のお宅は、信濃町にある二階建ての普通の民家ですが、そこではなくて、そのお宅の道一本隔てたところの、鉄筋コンクリートの塀で囲まれた二階建ての建物に車がサッと入っていくんですね。そこへ入ったら、サッとシャッターが下りる。だから、外から見えないから狙撃もできない。

僕が車から降りたら、池田名誉会長がちゃんと玄関の外に立って出迎えてくれて、会うなり、「小林先生、あなたはいい顔をしている」と言われちゃったわけです。僕より年上の人にそう言われて照れましたけど、初対面でそんなこと言われて悪い気はしないですよね。

僕は一瞬、戸惑った顔をして照れ笑いを浮かべたら、とても丁寧な口調で「あなたはね、闘っている男の顔ですよ」と。そうしたら、「なぜ私にあなたのよさがわかるか、わかりますか？」と来た。「私も闘っている男だからです」と。やっぱり人たらしですよ。僕はたらされてうれしかったですけどね。

二階に上がると、カウンターがあって天ぷら職人が立っていた。カウンターの角に互いが座って、壁際には二人の副会長が置物みたいにいた。要するに、一対一の対談をしました。

いろいろな話をしましたね。面白かったのは、あのとき、「自分は韓国の慶熙《キョンヒ》大学から名誉学位を授与されるんだけれども、どう行って、どう帰ってきたらいいですか」と不思議な質問をされた。当時、韓国は創価学会を正式には認めていなかったはずなんです。今はどうか知らないんですが。非公認でありながら、当時すでに何百万という信者があの国にいたわけです。

僕は「簡単ですよ」と答えました。「もらったら長居しないで、サッとお帰りになったらいいですよ。目障りで調子に乗っていると思われたら、敵意を持たれますよ」と進言した。

壁際に座っている二人の副会長に彼は「聞いたか。これだよ」と言った。確かに学位だけもらって、サッと帰ってきたみたいですね。お土産を何かもらった記憶もある。

憲法泥棒と化した公明党

小林　それからもう一つ、面白いことを彼は言いました。創価学会というのは、死んであの世で幸せになりましょうという宗教ではなくて、この世で幸せになろうという教義の宗教であると。

佐高　現世利益ね。

小林　そう。その上で、彼らが大聖人と呼ぶ日蓮聖人の流れを汲むわけですから、時の不当な権力に対してちゃんと苦情を言って説教をして死刑判決を受けて、なぜか死ななかった。要するに、悪しき権力にちゃんと説教をして戦う宗教なんだと。

そういう意味で公明党をつくったけれども、権力の魔性というか、議員の半分は堕落してしまったと。まあ、僕に言わせれば、人間なんてそんなもんじゃないかと思いますがね。

それから先代との約束で創価大学もつくった。しかし、先の政教分離論争のとき、慶應の小林教授はわれわれを助けてくれたけれど、創価大学からは一人も声が上がらなかったと。それは大学をつくるために大学設置基準というものがあって、思想性を問わずに経歴さえよければというので人を集めたからだと。しかも、創価大学の有志が結束して創価学会に対して反逆した時期もあった。それと同時に、創価大学の中で、学者として社会的に発言権を与えられるレベルの人がいない。大憲法論争が起きたときも、創価大学は数のうちに入らない。これが大変残念ですと。

だから、公明党のルネサンスが必要だと、創価大学のルネサンスが必要だというような趣旨のことを言われていましたね。

僕はこれを不幸なことだとは思わないんです。つまり、日蓮聖人が開宗しても、必ず何分の一かの確率で逆らう人間は現れたし、開祖の死後に残った弟子たちも宗教家で食っている以上、自分のビジネスの地位を維持するために、「開祖様はこうおっしゃった」と自分に都合のいいような解釈論争は必ず生まれる。だから、日蓮宗が何派あろうと当たり前で、創価学会もこれからどんどん分裂していくと思うんですね。それは自然現象です。

だから、公明党でも、立党の原点に立っていく人や、商売でいく人などいろいろでしょう。束ねがなくなったら割れることはありうる。ただ、あの政党は、政策で割れるというよりも、落ちこぼれた人間を切っていく体質がありますね。

佐高　学会との良好な関係は続いているの。

小林　続いていないです。直接会話できないですから。彼と僕は文通によってやりとりする関係だった。一度失敗したことがありましてね。池田名誉会長と私の間を取り次ぐ人がいたわけですよ。僕にとってはどうでもいい話なんですが、いつも取り次いでくれていた人ではない人に頼んだものだから、その間に葛藤が生じた。

それと、側近でも一番の秘書らしき人が僕のことを警戒していた。あるところで会ったときに構えていたからわかった。だから、返事が届かなくなったんじゃないですか。それから池田先生がもうああいう状態になってしまっていますから。どこの組織もそういうものですよ。茶坊主や側用人が、上ご一人の代言者になって情報と人をコントロールする。僕のように秩序破りのことを言ったら、実にけしからんと思うわけです。

佐高　トップがよしとしても、あたりが二重三重に壁を張ってくるわけですね。

小林　それからもう一つあった。今思い出したんですが、公明党が自民党と政権を組むときに僕は怒ったんですよ。自民党が政教分離にケチをつけたことに対して詫《わ》びを取っていないから、「詫びを取れ」と言った。関係が悪くなったら、また言ってくるからと。

でも、公明党は権力に擦り寄りたくてしょうがない。秋谷会長は「政権の良心、政権のブレーキ役になりにいく」と言ったんです。「何を言っているの。小党があんなでかい図体のブレーキになれるはずがない。結果的に引きずられるだけじゃないか」と僕は言ったことがある。

それ以来僕は、公明党に対して非常に批判的なので、僕が国会で参考人発言をしても公明新聞は報じません。二〇一四年に出した『白熱講義！ 集団的自衛権』（ベスト新書）では、自民党と公明党が憲法泥棒をしたと公然と批判しています。だから、公明党との関係は冷え切っています。

昔からの知り合いがいっぱいいるから、国会や町で年配の議員たちはみんな僕に敬意を表したりしますけどね。若い議員たちは僕を見ても知らない顔をする。

佐高　私も『潮』という雑誌で毎号のように企業グループ論などを書いていたんですが、自自公連立のときから書かないことにした。それで今度、緊急出版するのが『お笑い公明党　とんでも創価学会』（七つ森書館）。

小林　いいですね。

佐高　『お笑い創価学会』（光文社知恵の森文庫）という本を以前、テリー伊藤と共著で出したら、これは三〇万部売れちゃった。

小林　すごいじゃないですか。

佐高　それ以来、仏敵です。憲法泥棒の公明党に政権を降りるという選択肢はありますか。

小林　絶対ないですよ。彼らは日蓮の弟子とは言えない。日蓮は筋を通すために殺されてもかまわないと言った。よほど僕の姿勢のほうが日蓮的ですよ。彼らは何があっても安全第一。もう権力と仲よくなれるなら、欲しいものを何でもあげる、貞操でもあげるという感じですよね。ぜんぜん日蓮の弟子じゃないです。

佐高　小林さんがその講演に呼ばれて全国に行かれたときは、憲法の話をしたんですか。

小林　政教分離の話です。宗教的信条を同じくする者が政党をつくるのは当たり前。共産党のマルクス・レーニン教の党があるなら、日蓮・池田教の党があっていいじゃないですか。「隠すことはない。宗党分離という嘘はおかしい」と僕は言った。彼らは、選挙のために創価学会の会館で選挙用の集会を開いて、公明党の議員や候補者が入口で握手して挨拶して出迎えて見送るという選挙活動をやっているくせして、われわれは宗教法人の施設で何もしていませんと嘘をついているじゃない。だから、僕は「そういう嘘は不必要だからやめなさい」と言った。それで、彼らはみんな盛り上がっていたわけですよ。

自民党が公明党批判をやめたのは、数合わせのために必要だからです。自民党から声がかかったとき、公明党と創価学会がくっついていったのは、税務調査が怖いから。たとえば、聖教新聞社の社員食堂は最高級のイクラを仕入れると言われている。社員食堂でそんなものを出しているわけはないんですが、筋向かいにある池田名誉会長のご自宅の夕食用でしょうと、ねちねちと税務署に言われるわけですよね。これもセコい話で、そんなものは聖教新聞の経費で落とさなきゃいいだけの話じゃないですか。

佐高　それも忠誠争いみたいな中から出てくるんだよね。

小林　それから、創価学会本部の会計担当だった副会長が金庫を捨てた。誰かがゴミだと思って開けてみたら一億円（？）が入っていたとか。そういうことになると税務署が動き出す。

ただ、政教分離の原則からいけば、税収を上げるために宗教法人に税金を課すのは、アウトなんです。なぜなら、お布施というのは宗教法人にとって最も宗教活動に近いところで出されるお金だから、宗教法人のお布施にも税金をかけるとなると、宗教法人の奥の院に税務官吏が入ってくるわけですよね。これは宗教団体にとって内部の秘密がばれることになる。どこだって秘密があっていいじゃないですか。

しかも、神聖な場所に司直の手が入るというのは宗教的にはアウトです。そうすることによって権力者の言うことを聞けということになりかねない。これがアメリカ最高裁の結論と筋です。宗教団体に集まるお金は、われわれがポケットマネーで飲み屋の女性にチップをあげるのと同じで、それに権力は触らないというのが憲法上の要請です。そんなことは理論的にわかっているのに、とにかく税務署が入ってくるのが怖い。

佐高　ルノワール絵画疑惑などいろいろありましたからね。
小林　そうそう。
佐高　フランスでは創価学会はカルト指定されているんでしょう。
小林　それが解かれたらニュースになりますものね。僕の教え子の外交官からフランス滞在中、創価学会はカルト指定されていたという話は聞きました。
佐高　フランスでは厳しいの？
小林　政教癒着の一番激しかった国ですから。カトリックが領主になってやりたいことをやっていたという体験があるからです。フランスではカトリックが王様のごとき存在になってしまって、税金を取る、訳のわからない裁判をする、女を犯すと横暴を重ねた。イギリスはヘンリー八世が離婚したいためにカトリックと縁を切って、自分でイギリス・カトリックの大僧正になっちゃう。
佐高　英国教会。
小林　そうです。ところが、英国教会が、イングランドの南西のプリマス港あたりのピューリタン、つまり、坊主の言うことを聞かないで聖書を読んで暮らしている人々に、職業を与えないという政治的弾圧を加えた。これは死ねということです。そこで、彼らは全財産をメイフラワー号に乗せアメリカに渡った。だから、アメリカ合衆国は信教の自由の新天地なんですよ。

佐高 ピルグリム・ファーザーズ。

小林 ところが、二〇〇年ぐらい前のアメリカの最高裁判決によると、他の宗教を弾圧している。いつか来た道です。宗教弾圧で逃げてきた人たちが、自分たち以外の宗教を弾圧する国をつくり、たくさんの裁判闘争を経たことによって信教の自由が保障されるに至った。今では、星の数ほどいろんな宗教が花咲いています。創価学会インタナショナルはロサンゼルスに大学もつくっていますよ。

佐高 創価学会は平気で弾圧も加えています。祭政一致の弊害ですね。それにしても、こういう話を入れた憲法論はなかなかないですよね。でもこういう生臭い現実の中に、実は憲法があるわけでしょう。

小林 憲法は国民の生活の基本にある管理法で、現実に滑ったり転んだりしながら生きている国民の最大多数の最大幸福を目指す、そういう国会運営のマニュアルですからね。生臭い現実の中に憲法があるわけですから、憲法論が神学論争であったり、架空の話であったりしてはいけないんです。

第四章　闘う憲法学者の足跡

現実の世界の道案内をしてくれた人

佐高　そもそも自民党から勉強会などに呼ばれるようになったきっかけは何だったんですか。それを聞くのを忘れていた。

小林　昔、神谷不二《かみやふじ》という右派の国際政治学者がいました。東大を首席で卒業したというのが自慢だったけれど、なぜか東大には残れずに大阪市立大学の教授をしていたのが、慶應の塾長の石川忠雄と仲よくなって慶應に移ったという人です。彼が僕によく声をかけてくれた。とはいっても、慶應の助手、講師、助教授の中で人を見て、僕が一番便利に見えたんじゃないでしょうか。

佐高　いわゆる著名教授だったですよね。

小林　そうです。ふと気づいてみたら、あの人の運転手みたいなことをしていた。でも、その代わりにいろいろなところを紹介してくれたんです。「節君、ちょっと。自民党のある代議士と個室で憲法談義をするんだが、私は憲法を知らないから同席してくれ」ということも結構ありました。同席すると、代議士のほうが僕に食いついてきちゃうんですよ。初対面だが、こいつは使えると。そういう現実の政治の世界への橋渡しを一番してくれた人ですね。

佐高　慶應には内山正熊《まさくま》という政治学の先生がいたでしょう。

小林　同じ政治学の中村菊男の論敵です。中村菊男は怖いゴリラみたいな男で、正しいか正しくないかにかかわらず、ガツンと相手をやっつけるタイプです。逆に内山正熊はガツンとやられて女々しく答えている感じでしたね。

佐高　そう、そういう感じ。

小林　初めから負けているんですよね。論争というのは、やっぱり雰囲気が強面《こわもて》でないとダメですよ。

佐高　そういえば、私は中村菊男の講義は聴きましたよ。

小林　どうでしたか。

佐高　面白かった。当時は民社党のブレーンでした。

小林　民社党から選挙に出て、なぜか落選していましたね。

佐高　何かやっぱり濃い独特のタレ、といった味わいのある人ですよね。焼き鳥のタレのような旨味がある。

小林　わかります。僕は彼の息子がたまたま同世代で慶應で一緒だったから、中村先生とは知り合いでした。憲法には法律学と政治学の接点のような側面があるので、中村先生に質問に行くと、先生が本をくれたり、僕もあの先生にとって貴重な情報を持っているものだから、お互いに情報を交換したりしていました。

佐高　それで、私は原敬《はらたかし》のことを書くときに、当然、星亭《ほしとおる》のことを勉強しなきゃならないわけですね。星亭について書かれた著作には、中村菊男の本と東大の先生のとがあるんだけれども、東大の先生のほうはぜんぜん面白くない。中村のほうにはやっぱり味があるんですよ。

小林　それ、わかります。

佐高　すごくよく読める。いろいろな意味で現実に関わっている人の出す味がある。彼は面白い人でしたね。

小林　面白さが前面に出ちゃっている人です。僕は前面にまず怖さが出ていて、しゃべれば面白いタイプ。中村さんは初めから噺家《はなしか》みたいな雰囲気がどこかにあって面白い。

佐高　中村菊男と神谷不二の二人がある種の小林さんの道案内になったような人ということになりますか。

小林　中村菊男、神谷不二、あとは……。僕はこういう性格だから、一度知り合うといろんな人につながってしまうんです。たとえば、中村や神谷に連れられて何かの会合に行くと、そこで出会った人と親しくなる。しかも、問われたら必ず答えを出すじゃないですか。利用価値があると思われるからだと思います。

憲法の指導教授が痛かった

佐高　小林さんは一応大学の学部の後輩にあたりますから、慶應法学部の話も聞いてみたいところです。慶應の憲法はいわくつきの先生でしたよね。

小林　僕は一浪して慶應に入ったのですが、大学一年のときは、憲法も民法も刑法も、大学教授はみんな偉く見えた。でも、一年間講義を受けると、みんなバカかと思いましたね。その専門領域においては、少なくとも僕よりは知識はあるけれども、論理の飛躍や言っていることの自己矛盾に気づいていない。授業の合間にどうでもいいような自慢話をするとか、同じ話を繰り返しているとか、大学教授が偉いという印象は消えていました。

佐高　慶應では田口精一という先生の下につかれるわけですよね。私は学生時代、田口の講義を聴いて「これはダメだ」と思って、法政大学の中村哲の憲法を聴きに行くんですよ。

小林　あの人は立派なものですよ。

僕は大学教授になることを目指していました。どうすれば大学教授になれるかと思ったら、小中高では優等卒業はしたことがありませんでしたから、とりあえず大学で優等卒業をしてみようと思ったんです。慶應では優等卒業をすると金時計をくれると聞いた。何か目標があったほうがいいので、そいつをもらおうと。しかし、専門書を読んでも訳がわからない。一回読んでわからないのは当たり前です。特殊な専門用語ばかりだから、専門書を読んですぐわかるはずがない。それでも五回読むと、何とかわかるようになりました。

慶應で優等卒業をするためには、原則として全科目「A」を取らなければいけません。だから、僕は憲法に特化していなかった。大学教授になるのが夢だったから、「大学で教授の席が空いている科目なら何でもいい」という構えでいたんです。しかし、助手を採用していない科目が憲法だった。大好きな憲法が席を空けて僕を待っていたわけですね。

当時、慶應には、修士課程が終わったときに学部で一人助手に採用される制度があって、僕は憲法の助手になったのですが、指導教授がひどい人で参りました。僕も若かったから、大学院の授業など平気で人前で教授と論争して、論破したりした。それは危険なことでしたね。

佐高　あの人は根に持つ人でしょう。

小林　相手が最後に何と言ったか。「君、わかっているのか。君は助手で、私は教授だぞ」「わかっています。地位ではなくて、何を言うかが重要ではないでしょうか」。もうおしまいですよね。「そういう口を利くようなヤツはもう指導しない。破門だ」「どうもありがとうございます」

佐高　破門された。

小林　はい。ところが、三回も、四回も破門するから、「先生、一度も破門を許されていないのに、やたらと破門しないでください」と言ったことがある。いや、すごかった。今なら、典型的なパワー・ハラスメントで訴えられる。

佐高　しかし、指導教授の発言権というのは大きいわけで、それがそういう態度だと大変だったでしょう。

小林　そうですよ。

佐高　周囲が昇進させようと言ってもむずかしいですよね。

小林　だから、彼は僕の昇進を遅らせていた。僕はハーバードの留学から帰って、二九歳で専任講師になり、専任講師を通常は三年で済むところを四年もさせられた。指導教授には最初は「君はバカだから」と言われ、途中から「君はとても優秀だから、ふつうの人の三倍ぐらいよい業績をあげなさい」と言われた。だから、意地を張ってやったんです。昇進論文として決められた点数の三倍も出してやりました。

でも、あまりに理不尽だからというので、法学部が昇進については指導教授の推薦を条件としないと変えました。規則をつくり直して、専任講師を三年以上、論文が三点以上あれば、自ら昇進審査を申請できるようにしたんです。

佐高 規則を変えた。

小林 ほぼ、私のために。

佐高 憲法学で一番影響を受けた人というのはいますか。

小林 僕を保護してくれた人や、いじめてくれた人はいるけれども、乱読と雑読で大学院へ入ってから先は、学問的に特定の個人の影響を受けるほど、僕は狭い勉強はしていないですから、そういう人はいませんね。

佐高 留学のときに指導教授がハンコを押さないとか、そういうことはなかったですか。

小林 留学自体にはそれはいらなかったですね。あの人は「小林を助手に取ったのは慚愧《ざんき》に堪えない、間違いであった。あいつは頭が悪い。勉強ができない。酒癖が悪い。女癖が悪い」と周囲に言い触らして歩いたんですよ。僕は怒って文句を言ったの。「頭が悪いというけれども、一番『A』の数が多いという理由で表彰状をくれたのは慶應義塾大学でしょう」と。それから、「酒癖が悪い？　俺は飲兵衛だけど酒なんかに負けねえよ。女癖が悪い？　上等だ。被害者の女を出してみろ」。

佐高　さっきの話だけど、私は金時計があるということすら知らなかった。私は峯村光郎《てるお》先生のゼミだったんですが、峯村さんの講義は聴いていますか。

小林　峯村先生の講義は素晴らしかったですよ。名誉教授になってしばらくした頃で、一番脂が乗りきっていたと思います。

佐高　何ですか。

小林　法哲学。

佐高　われわれのときもそれしかやらなかった。

小林　全身全霊で講義を聴いて、速記録のごとくノートを取って、あとで読み返してみるとだんだん味が出てくる。当時の教員にこんな卒業生がいたのかと見直しましたね。

佐高　峯村ゼミではゼミ論というのを書かされるんですよね。先生はいとも簡単に「これを読んでおけ」などと英語の文献を指定する。学生の頃は、必死になってロスコー・パウンドの本を読んだ。あの頃は翻訳がないんだよね。峯村先生は挑発的な人で、そういうことも勉強しなければダメですよ、という感じである種の水準を学生に要求しましたよね。

小林　そう、あの人は勝ち気だからね。常に人と差をつけて見せるじゃないですか。

佐高　峯村先生が言った言葉ですごく印象に残っているのは、「君たちは税金で勉強している学生に負けるな」という言葉です。

小林　プライドがあって矜持《きょうじ》があるというか、よかったですよね。

佐高　他に法学部で講義を聴いた同じ先生はいますかね。経済法の正田彬は聴いた？

小林　正田先生の授業も聴きました。これも素晴らしかった。

佐高　労働法は？

小林　川口実。一定レベル以上の授業をしたけれど、人間が陰湿だね。

佐高　民法は田中実だったけど。

小林　田中実先生は当たらなかった。当時の慶應ではめずらしく優秀な人だった。慶應で干されていた。あの先生は慶應で干されてオロオロしているんですよね。僕と違って、そこが弱いなと思いましたよ。

救ってくれた二人の恩師

佐高　助手のときに破門されて。

小林　当時の法学部長がのちに塾長になる石川忠雄先生（中国現代史）で、その前の学部長が伊東乾《すすむ》先生（民事訴訟法）でした。僕が苦しんでいるのを見て、あるとき伊東先生が「小林君、元気か。いいから、ちょっと家へ来ないか」ということでお宅にうかがって、「田口さんにパワハラを受けています」と言ったら、石川と伊東は親友同士だから、「すぐ学部長に話を通すから、君は福澤基金で留学しなさい。このまま日本にいたら、人間的につぶされてしまう」。そして、石川学部長も僕がいじめられていることを知っていたから、「おまえ、元気でやっているか」とヤクザの親分みたいに会うたびに声をかけてくれた。あるときなどは「小林、おまえが優秀なのはわかるけどさ、人間として遊びが足りないよ。わかんないだろうな」と言うんです。今ならわかる言葉です。

佐高　あのおじさんは、遊びだらけなんですよね。

小林　僕は学んでばかりで、遊んでこなかったんですよ。

それで、石川先生が「じゃあ、君は学部から推薦」という一言で僕の留学が決まりました。「あとは急に向こうに行っても困るだろう。俺が添え状を書くから、ハーバードかカリフォルニアだったら、俺の添え状が活きると思う」と僕をアメリカへ逃がしてくれたわけです。それで、ハーバード・ロー・スクールに入ることになりました。

そのとき、伊東乾先生が、「乾」の読み方は「すすむ」ですが、僕らは「いとかん」と呼んでいましたけれども、いとかん先生からは「留学してもあまり気張らないで、生きて帰ってらっしゃい」「長い目で見て、学者は実力が勝負だから、そういう意味で努力しなさい」「ダメな人間関係はどうせダメだから、相手が退職するまで我慢すれば、生涯二度と口も利かないで済む。むしろ相手と仲がいいと、一生おつき合いしなければならず、煩わしいから逆にいいんじゃないか」などとアドバイスをいただいた。

相手が退職した後、こちらは現職の教授だから、「非常勤のお仕事ください」とか、「小林先生」とか、挨拶に来ていたけれど、一切無視しましたね。

佐高　伊東乾さんも峯村ゼミ出身ですよ。

小林　そうだと思います。峯村先生が授業の中で言っていたと思う。僕らが教わった教授の前の教授の時代には、慶應に優秀な教授がいなかったんですよ。ほとんど東大や中央大学の教授を非常勤で借りてきていて、自前の教授にはろくな先生はいなかったんです。伊東先生の上といえば、峯村先生ぐらいしか自前の教授はいなかった。

佐高　石川忠雄という人も面白い人ですよね。『ドキュメント　昭和天皇』（緑風出版）を書いた元朝日新聞の田中伸尚は石川ゼミ出身です。考え方は違うけれども、石川の実証的な研究はすごかったと認めていました。読売の記者になったのもいます。石川さんはどちらかというと、保守的な人でしょう。朝日に入ったのはもう一人いたのですが、二人とも学生のときにハネていて、新聞記者になると言ったら、「紹介状、書かないぞ、おまえら」と言ったんだけど、最後は書いてくれた。

小林　石川塾長は役者の顔というか、大物政治家の顔でしたよ。

佐高　石川さんや伊東さんは小林さんのことを大事にしようと思っていたんですね。

小林　大事にしてくれましたね。伊東先生は最後まで僕を学者として大事にしてくれた。石川塾長は学者としては認めてくれていたけれど、「おまえ、ドジだよな」と。自分とは毛色が違うという扱いでしたね。

佐高　あの時代に保守的な立場から中国研究をしている人はほかにいなかった。だから、石川忠雄はすごく目立っていましたね。塾長をやるような器量もあったということです。

小林　僕は本当にあの二人に救われました。

プラグマティズムの洗礼を受ける

佐高　私の師匠で久野《くの》収という人は進歩的文化人のように言われますが、根っこはプラグマティズムなんですよ。小林さんはハーバード・ロー・スクールに留学されて、プラグマティズムの思想などにも触れたわけですか。

小林　触れましたね。私はいわゆる団塊の世代ですが、世界的には冷戦時代ですから、先に思想的選択があって、嘘をついてでも勝とうとする。思想的に反対の連中を罵倒してでもやっつけていく。そういう理念が優先する傾向があったと思います。

アメリカに留学してすごいと思ったのは、現実に目の前に起きている問題を解決できなければ意味がないという考え方が支配していたんです。しかも、それは利害の調整が取れたところが正しい結論で、必ずしもロジカルな結果である必要はない。

それから、学者たる者はその学問の最先端をやっている以上、事件の当事者、政府、メディアなどから問われたら、逃げずに答えられなければ、一線級の学者とはみなされないということです。

四〇年前のハーバード・ロー・スクールにいて面白いと思ったのは、日本で教えられていなかったディベートという概念に出会えたことです。『ディベート』という本が一冊与えられて読んでみると、これはいいと思った。ディベートとは、好き嫌いにかかわらず事実と論理のみに従ってフェアに議論することです。

たとえば、ある憲法訴訟の事件があって、君は訴えられた州政府と訴えている原告とどちらが正しいと思うか、と質問します。クラスの学生は自分の好き嫌いで、学生Aは政府が正しい、学生Bは原告である市民が正しいと分かれたとする。そうすると、教授が、市民が正しいとする学生Bは政府の弁護人の立場で、政府が正しいとする学生Aは市民の弁護人の立場でディベートさせるわけです。立場を入れかえて議論させる。要するに、好き嫌いの感情が入らずに議論できるようになりなさいという訓練なのです。

佐高　わざとひっくり返して議論する。

小林　あえて立場を変えるんです。そうすると、好き嫌いが消える。議論とは、事実と論理のみで戦うもので、議論の末に出た結論については、また好き嫌いを言わずに握手すると。これはすごくいいと思うんです。日本にないプラクティス（習慣）だと思います。

佐高　それはやっぱりプラグマティズムの国ならでは、ということですか。

小林　日本の場合は、勘定足りて銭足らずとも、勘定が足りればそれで納得しますけれども、アメリカの場合は、逆に勘定が足りていなくたって、銭が足りていればオーケーという文化なんです。銭が足りていなけりゃ意味がない。計算し直せということです。

佐高　それは小林さん、ある種カルチャーショックだったでしょう。

小林　そうですよ。でも、よくわかりました。日本というのは、海に囲まれて四季が豊かで、ある意味では食べ物にも困らずに生きられる土地柄です。昔から日本では原則として飢えて死ぬことはなかったでしょう。

　ところが、アメリカは開拓農民の成れの果てだから、とにかく今日食べる準備、明日食べる準備をしなければいけない。それが社会の本質ですよ。僕が留学した当時は、一九七〇年代だからベトナム戦争で躓いてはいたけれども、まだまだアメリカは豊かだった。だから、外国人なんかをホスティングする余裕がありました。地元の有力者が、ハーバード大学に来ている外国人留学生を、みんな一軒一軒指定してホスティングしてくれるんです。僕もニューイングランドの上場企業の社長の素晴らしい生活の中に子ども扱いで入れてもらいました。

佐高　それは向こうが招待するわけですか。

小林　ハーバードの留学生を世話する物好きの上流階級の世界があって、大学でアレンジメントして、僕らは指定された家へ行くわけです。そこの家に住むわけではないんですよ。ホスト・ファミリーになる。折に触れて招待してくれるんです。暑くなったから庭でバーベキューしようとか、クリスマスのディナーに来ないかとか。ニュー・イングランドのクリスマスを二度経験しましたが、素晴らしかったですよ。

僕を招待してくれた家は本当に大きな屋敷でしたね。ルーテリアンか何かの敬虔《けいけん》なキリスト教徒で、可愛い子どもが二人いて、ＩＴ系の堅実な会社を経営している。奥さんはボランティア活動をやっている。そういう典型的なアメリカの上流の人たちだった。上流というのは普段は塀の向こうで見えませんからね。

佐高　アメリカが健康な社会だったときでしょう。

小林　当時はそうですね。アメリカは、収入によって住むブロックをつくりますから、住所で階層がわかる社会じゃないですか。日本でも田園調布や成城といえば金持ちだとわかるのと同じです。

たとえば、ボストン郊外にあるレキシントンやコンコードは高級住宅地ですよ。それに対してダウンタウンにあるボストンの港の近くなどには立ち入らないほうがいい。もともとアメリカは二重構造の社会です。アメリカには、特に夜に行ってはいけない地域というものがあります。そういうアメリカ社会の二重構造のいかがわしさはもちろん感じてはいましたが、ただ僕の場合はハーバードの留学生です。ハーバードというのは、アメリカの中でもとんでもないエリートの行くところで、そこに外国から来ている人はアメリカ人にしてみたら、どうせ本国へ帰って偉くなる人たちに見える。そうすると、世界の中心国としてホスティングしておいて損はない。そのぐらいの余裕がアメリカにはありました。そういう別世界にいましたから、ハーバード大学には人種差別も国籍差別もない。ホスト・ファミリーのところでもない。

しかし、カジュアルなジーパン姿で自分の中古車を運転してスーパー・マーケットや郵便局へ行こうものなら、厳然と差別を受けるわけですよ。

佐高　差別がないところはないということですか。

小林　そうそう。セパレート・バット・イコール。白人ワールドと黒人ワールドがきっちり分かれる。住宅地も違うわけだからゲットーですよね。

佐高　それで、ラフな格好で行くと差別を受けた。

小林　ラフな格好で下町へ行けば、スーパー・マーケットに白人も黒人もみんな一緒にいるじゃないですか。白人の中でも豊かでない白人もいっぱいいいます。

佐高　プア・ホワイトですね。

小林　そうすると、スーパー・マーケットで車がちょうど睨み合ったときに、僕が「先に来たんだから君がどくべきだ」と言うと、アメリカ人は「おまえ、どけ。チンキー」と言う。チンキーとよく言われましたよ。

佐高　へえ、チンキーっていうの。

小林　中国人に対する英語の蔑称です。
　チンキーと言われたら僕はいつも「ノー、アイム、ジャップ」と答えていました。

佐高　ジャップというとちょっと違うの？

小林　ジャップと言い返すと、びっくりするじゃない。

佐高　ああ、なるほど。

小林　すでに公民権法がありましたから、条例か何かで人種差別は罰金対象になると知っていました。僕は気が強いから、ハーバード大学の教員証を見せつけて、「ハーバード・ロー・スクールのフェローだ。人種差別しやがると警察呼ぶぞ、この野郎」と言ったら、相手は逃げましたよ。水戸黄門の印籠です。見たことはないけれど、条例違反の切符を切られると言われていました。

憲法の背景には神の存在がある

佐高　小林さんはキリスト教に対して、そんなに関心はなかったでしょう？

小林　いや、ありました。

佐高　行く前からですか。

小林　ええ。なぜかというと、僕は生まれついて手に障害があったわけです。

佐高　ハンディですね。

小林　原体験は非常に強烈なものでした。まだ幼稚園に上がる前に、自宅の目の前にある道の向こうに一軒分の空き地があったんです。そこで子どもたちが遊んでいた。

家の中では母と姉がとても大事にしてくれたし、親族も大事にしてくれた。だから、世の中はみんな優しい人ばかりだと思っていた。隣近所のガキどもが遊んでいるところへ行き、「僕も入れて」と言ったら、バーンと突き飛ばされたんですよ。その中の一番大きな男の子に「おまえとは遊んでやらないよ。手なし」と言われた。それは今でも記憶に刷り込まれていますよ。

びっくりして泣いて帰った僕を、母は割烹着のお腹のあたりで抱きしめてくれた。その感触は今でも忘れられません。泣いただけなのに、僕がすごく傷ついたこともすべて母はわかっていました。僕も母がそれで悲しんだことがわかりました。

その出来事があって以来、僕が外で泣いても、母を傷つけないために泣きやんでから帰るようにしましたが、無理だった。泣き腫らした目や服についた泥を見れば、バレバレですよね。あるとき、「いつになったら僕の手に指が生えてくるの？」と聞いて母を泣かせてしまったこともあった。

でも、僕の母の強いところは、抱きしめてくれたとき、「あなたはやっぱり一人で生きていかなきゃならない。避けるより経験しなさい」と言って、お尻をポンと押した。

それで、僕はどうしたかというと、絶対に襲われないために安全距離を置いて、彼らが遊んでいるのをずっと一人で見るという方法をとったんです。悪ガキが近づいてきたらパッと逃げる。これが僕のポリティカル・センスです。いわば人間のパワー・ポリティクスですよ。

だから、ずっと自分は何者で、いかなる理由でこの両親の元に生まれて、この世で何をして、どこへ行くんだろうと思ってきました。そういう意味で僕はずっと宗教的ではあるんです。

大学に入って憲法を勉強すると、自由というのはプラス面とマイナス面があるとわかりました。信教の自由というのは、特定の宗教を信じる自由も信じない自由もある。人に布教する自由も布教しない自由もある。それから、布教されたら聞いてあげる自由もあるし、聞かない自由もある。聞いてあげた結果、受け入れる自由もあるが、受け入れない自由もある。さらに、受け入れたものを、「何だ、これ」と思って吐き出す自由もある。これを日本人はわかっていない。

僕は我《が》が強い性格だから何でもできるんです。みんなはマインド・コントロールされたらそこから出られないと思うけれども、僕は違う。だから、僕はさまざまな宗教家と会いましたよ。オウム真理教以外は全部会っています。

佐高 オウム以外は全部会った。

小林 幸いオウムには会わなかった。オウムは薬品を使ったり暴力を使ったりするでしょう。

佐高 今の吐き出す自由という言葉を聞くと、私はニーチェなどを思い浮かべるんですが、ニーチェとかはどうですか。

小林 関心がないです。

佐高　神は死んだとか、神は殺せという言葉にはあまり興味がなかったと。

小林　いや、その言葉自体が僕にはピンとこないんです。

これはアメリカへ行って確信したことですが、この世の中や地球の構造は人間の体の構造とそっくりだということです。大学をなぜユニバーシティーというのか。余談のようで余談ではありません。パーティーであるアメリカ人の教授が教えてくれたのですが、大学は神学校から始まったと。

たしかにハーバード・ロー・スクールの後ろに小さい神学校があります。神学とは聖書を繙《ひもと》く、神の言葉を読解する学問です。そこから宇宙とは何か、世界とは何か、そして、人間とは何かという流れで、宇宙の真理を解明する哲学が発展してきた。

他方、小宇宙である人体を科学するのは医学です。神学と医学と、この世の社会の真理を科学する法学の三つがそろって university である。他の領域はみんなスクールであり、ティーチャーズ・カレッジやビジネス・スクールなどのスクールはテクノロジーを教えるところであると習いました。法律学は正義と不義の学問ですから、非常に宗教学と似ているんですよね。

人権の話もアメリカでは簡単です。会ったことはないけれど、この地球上に物を創造した神がいる。神がいなければ、これほど立派に設計された宇宙はないし、地球もない。人間は神の子であるがゆえに、他の存在とは別格であるから、人類は動物や植物を、感謝しながらだけど、獲って食べていい。人間が動物と絶対に異なるのは物をクリエイトすることである。イヌ、ネコ、サルは物をクリエイトできない。だが、人間は地球を加工できる。神がつくった地球を加工できる人間は別格であることから、人間の尊厳が出てくるんです。人権論の発端はこれなんですよ。

佐高　つまり、人権のバックというか裏書きをするものが神なんだと。

小林　そうです。だから、神の子としての人間が共同してつくった道具としての政府ごときもので神の子の特権である人権が侵される理由はないということになります。

佐高　天賦人権という考え方はやめましょうなどという自民党の連中は、それが一番わからないわけでしょう。

小林　そうそう。政府などというものはわれわれの道具にすぎない。

子どもの頃、近所に敬虔なキリスト教徒のおばあちゃんがいて、大久保あたりの教会に毎週連れられて行きました。「僕ちゃんは神のひとり子」とよく言われたのを憶えています。でも、僕は、こんなに沢山子どもがいるじゃないか、大人になったら五〇億も人間がいるじゃないかと思った。ピンとこなかったんです。

それがアメリカへ行ってわかったわけです。この地球上に何億もの人間がいようが、まったく同じ人間はいない。だから、親になればわかるよと。「子どもを生んでみなさい。何人いても子どもって可愛いよ。全部違って全部可愛いよ」と言われた。人間一人一人の個性が他に代わりの利かない尊いものであるからこそ、人権がある。人間は個性ある存在、個人であって、人ではない。ヒトというのは動物です。

佐高　自民党は、国家や政府ごときが平気で権利を許しているようなことを言うわけでしょう？

小林　「人権は保障する」とかね。

佐高　そうそう。

小林　だから、どこから来て、何をして、どこへ去っていくかという流れの中で、僕は今、使命感を持って闘っているんです。これが自分の天命だと思っているんですよ。そう思わなかったら、すぐチャンネルを切り替えますよ。

佐高　その後も教会に行ったりしていましたか。

小林　行っていません。理由は簡単です。ありとあらゆる宗教と接すると、本当にうんざりするんですよ。宗教家は勉強も足りないくせして、「私は真理を知っています。あなたは私についてくれば真理と神に会えますよ」と上から目線で言う。もともと空っぽの頭が単にマインド・コントロールされただけのように見えるというのが一つの理由です。

もう一つは、人間に躓いちゃう。大して立派な人じゃないということですよ。

佐高 ああ、なるほど。

小林 ニーチェを読んだら確かかもしれない。要するに、あれはキリスト教の腐敗の中から出てくるわけですからね。でも、僕は希望を捨てないですよ。

佐高 もちろんそうでしょう。

小林 ニーチェの話は希望を捨てさせるじゃないですか。そのとき彼は開き直って、自分は悪魔信仰になるというのがこちらに伝わってきますが、僕にはそれはないんです。僕の言動を見ていたらわかるじゃないですか。基本的にすごく明るくて希望的ですよ、顔は怖くてもね。

憲法の話を聞かせた父

佐高 お父さんはお元気なんですか。

小林　二〇一五年の正月に亡くなりました。

佐高　きっと息子の最近の活躍を喜んでいたでしょうね。お父さんは先生でしたよね。

小林　都教組の専従でした。昭和二、三〇年代ですから、まだ労組が強かった時代です。三九歳まで都教組の中央執行委員をやり、最後のポジションは書記次長だったと思います。辞めた後はサッと現場に戻って、教頭を一期やって校長になった。一六年間も校長をやっていた。

葬式が済んでから、親父が死んだという知らせが都教組や学校関係者にひたひたと伝わり、その界隈の人が僕にたどり着いてきました。そして、「おまえの親父は息子のことをすごく自慢にしていたよ」と。僕にはぜんぜん違うことを言っていましたね。

佐高　どう言っていたの。

小林　最初は「右翼だから間違っている」と言った。長じてからは、「おまえは権力に逆らっているから、いずれ撲滅される」とか、「おまえの生き方は間違っている」とかね。

佐高　心配していたんですよ。

小林　終始一貫、共通している言葉は「おまえは間違っている」ですよ。

佐高　でも、内心は喜んでいたんだね。

小林　そう、親父ができないことをやりましたからね。

佐高　うちの親父も教師だった。

小林　存じ上げています。

佐高　私の親父は書家ですが、芸術至上主義の社会派じゃないんですよ。ただ、親父の同期で、教壇から警察に引っ張られていった人がたくさんいるわけです。つまり、山形というのは生活綴り方運動の本場ですから。

たとえば、のちに社会党の代議士になった西村力弥は、まさに教壇に立って教えているときに特高が来て連れていったらしい。それを親父は見ていた。親父は政治的なものにはまったくノータッチだったけれども、そういう人たちが教育熱心であることや、人格的に敬意を払うに足る人だという感慨はあるわけですよ。だから、私が教師になって日教組の中で走り回ったときに、非常に心配をしましたね。私の本棚にあった国分一太郎が捕まったときの記録、『石をもて追われるごとく』などをこっそり読んでいたみたいです。

小林　佐高先生は教師歴がありましたね。

佐高　五年半、やりました。農業高校です。親父というのは距離がむずかしいですよね。私は親の面倒をみるとフェイントをかけて妻子を置いて出てきたから。これが故郷の酒田ですか。

では十大スキャンダルのトップを一〇年間ぐらい走り続けましたよ。

先ほど、小林さんがチラッと言いましたが、石川忠雄さんを見習って多少は遊んだわけですか。

小林　彼が言う「遊びが足りない」というのは、飲んだり、滑ったり、転んだりしろということですよね。そうすれば、人間が見えるという意味ですよ。それは十分にやっているつもりです。ただ、滑って転んでもはまっていないですからね。

佐高　父と息子はライバルですよね。

小林　父はほとんど家にいなかったですね。朝になると、酒臭くてひっくり返って寝ていた。何をしているか、わからない。ただの飲兵衛の親父。だけど、僕の父親ですから、昼間見ると、こざっぱりとした雰囲気をしているんです。

ちょっと話が飛びますけれども、僕が大学を出た後は、父が「何でうちみたいな左翼の家庭に、おまえみたいな右翼の子どもができたのか」と。

佐高　そう言ったのですか。

小林　ええ、そう言われました。あまり家にいない人だったのに、思い返せば、父は初等中等教育の段階で僕にやたらと日本国憲法を語っていましたね。当時は「うるせえな」と思っていましたが、はっきり憶えています。『AERA』という雑誌が「現代の肖像」というコーナーで僕を取り上げたときに、執筆を担当した今井一《はじめ》さん（ジャーナリスト）が、都教組新聞のバックナンバーを調べて、父が書いた憲法に関する記事を見つけてきたんです。それを読んだら、まるで僕が書いたらそうなるような語り口なんでびっくりしました。こんなまともな親父だったのか。ただの飲兵衛だと思って反発していましたがね。

佐高　それは九条関係の話ですか。

小林　いや、それは表現の自由の話です。皇居前広場を集会に使おうと思ったら、どこかの指示で断ってきたのは「けしからん。表現の自由がわかっとらん」ということを書いている。本当に僕が書いた文章みたいでびっくりした。父はある意味で深く政治に関わっていて、たとえば、父の都教組時代の仲間の長谷川正三《しょうぞう》という人は衆議院議員になっています。家には赤旗と社会新報と朝日新聞しかなかったですね（笑）。

佐高　それに半分反発していた。

小林　そう、反発しましたね。もう一つ、はっきり憶えているのは、僕が戦争ものを好むことに気づいて父が激怒したことです。アメリカがナチスをやっつけるというような戦争映画をテレビで観ていたら、親父がスイッチを切ったんです。僕も激怒したけれど、よく考えれば、彼は学徒出陣の経験をしていました。

佐高　ちょうど、その年代ですか。

小林　東京の師範学校を繰り上げ卒業して、小学校に教員の籍だけを置いて、大砲をぶっ飛ばす見習士官として訓練を受けていました。その場所は横須賀の小原台で、ちょうど防衛大学があるところです。でも、戦争に行かずに終戦になりました。だから、戦争の本当の悲惨さは知らないんです。

第五章　消えた自民党ハト派の系譜

保守の知恵があったかつての自民党

佐高　小林さんがずばっと物を言っても、かつての自民党はやっぱりもう少し懐が広かったんじゃないですか。

小林　そうなんです。会合の後に国会議員の何人かが僕を追いかけてきて名刺交換をすると、必ずその中から、「今度は私の個人講演会に来てください」とか、「今度、一緒に飯食いましょう」とか言ったりしていた。

佐高　田中秀征とは、私が二七歳、彼が三二歳のときからのつき合いなんですが、その田中秀征が自民党綱領から改憲の項目を外そうと動いたことがあった。当時の状況を考えると、青嵐会の残存勢力がいるわけです。綱領委員会の会長が井出一太郎で、渡辺美智雄が会長代理になる。田中秀征はこの渡辺美智雄を何とかしないと突破できないわけですね。

小林　青嵐会ですね。

佐高　それで渡辺美智雄に体当たりで行くと、渡辺は綱領から改憲を外すのはまかりならぬと言うかと思ったら、独特のミッチー節でこう言ったそうです。親や周りから勧められて、気がすすまない女房を押しつけられた。いつか代えようと思っていたけど……。

小林　四〇年も連れ添って。

佐高　そう、見直してみるとこんな女房にもいいところはある。立派な子も産んでくれた。何よりも自分になじんでしまった。だから、代えようと思っていた気持ちもだんだん変わってきたと言ったんだそうですよ。

小林　いいじゃないですか。

佐高　それで秀征はびっくりして、確か一回だけ外しにかかるんです。その後、私が参議院の憲法調査会の参考人として呼ばれた。その会長は村上正邦でした。そのとき、この話をしたら、今も安倍の側近の世耕弘成《せこうひろしげ》が、「私たちはそういう先輩の曖昧な部分も変えようと思うんです」と言うんです。

小林　世耕は二世議員ですね。

佐高　それで思い出したのは、昔、共産党の野坂参三が戦後初めて中国に行こうとしたら、外務省がパスポートを出す、出さないで難色を示した。そこで、野坂は大野伴睦《ばんぼく》に相談するんです。伴睦は「思想的にアカでない人間を中国にやるのは心配だが、アカの野坂君をアカの国に旅行させても、これ以上アカにはならんだろう」と助け舟を出したんです。

小林　なるほどね。

佐高　今はそういう保守の知恵みたいなのがないんですね。

軍国主義化を止めていた後藤田正晴

佐高　後藤田正晴という人がいました。彼は、岸は先輩の官僚だけども、やはり首相になるべきではなかったということをはっきり言っているんですよ。

小林　それはすごい。後藤田さんを見直した。昔、怒鳴られたから嫌いだったけど。

佐高　どうして怒鳴られたの。

小林　かつて、小沢調査会（一九九一年、海部内閣が設置した「国際社会における日本の役割に関する特別調査会」）がありました。僕がまだ教授になりたての四一歳のときに小沢調査会に呼ばれたんです。怖いもの知らずですね。

　要するに、いかに憲法九条の下で海外派兵をする道があるかを議論した。「もう少し国際貢献できるんじゃないか」と小沢に言われて、前文の中の国際的な責任とか、名誉ある地位を占めたいとか、そういう文言だけつまみ読みしていた。その後、小沢に変な憲法ブレーンがついたというので、自民党の憲法調査会に呼ばれたわけです。それは僕を叩くために呼んだんだね。僕はいつもどおりの九条の解釈で、海外派兵はできないけれど、国としてＰＫＯ（国連平和維持活動）は警察支援だから軍隊ではないという前向きな発言をした。そうしたら、後藤田正晴が渋い顔をして、僕の言うことを否定することを言ったわけです。「後藤田先生、反論いいですか？」と言ったら、「おまえの反論なんか聞きたくない！」と。

天下の後藤田先生にとって僕に反論されるのは耐えがたいことだったんでしょうね。で、僕は「表現がまずかったです、失礼いたしました」と言いながら、全部反論しちゃったわけです。後藤田もすごく照れて、激昂した自分に恥じて赤い顔をして収まった。翌朝の朝日新聞を開くと、「右翼軍国主義者の小林が後藤田に叱られた」という記事になっている。逆に右派の新聞記者は、「あそこでびびらないのは小林先生らしい。後藤田のほうが感情的になったから負けだよ」という反応だった。

佐高　今となっては、後藤田さんは頑張っていたという感じですか。

小林　後藤田さんは自民党の中で軍国主義を止めていましたよね。当時は、全然そのことに気がつかなかった。その時分、僕はたしかに軍国主義者でしたから。そのことは別に憚らないんですが。

消えた自民党ハト派

佐高　自民党には、タカ派とハト派という二つの潮流がありますね。ハト派はほとんど壊滅状態ですが、宮澤喜一とはあまりつき合いはなかったですか。

小林　いや、まったく。いろいろ聞いていましたからね。僕の親戚の外交官が宮澤喜一外務大臣に「君、何年卒業?」と聞かれて、「○○年、慶應の経済学部です」と答えたら、顔をプイと横に向けられて無視されたとか。ほかにハト派というと、加藤紘一、谷垣禎一……。

佐高　谷垣はねえ。

小林　安倍にさんざん奉仕して、安倍の体の限界がきたときに禅譲してもらおうという構えですよね。本当に情けない。権力が目的化してしまっている。谷垣さんとは口を利いたことがありません。僕はタカ派ですから、宮沢派とは縁がなかったです。

佐高　他に印象深い自民党の政治家というと、誰になりますか。

小林　やっぱり小泉純一郎が印象に残っています。小泉とはせいぜい三回ぐらいしか会ったことがないんですが、存在感があるというか、セクシーだと思いましたね。ある会合で遅れてきて僕の隣に座って「小泉でございます」と言うんですが、感覚的にこれなら女はイチコロだよなと思った。それはすごく印象的でしたね。

佐高　そのときが初対面。

小林　そうです。首相公選制か何かの勉強会で、自民党の錚々《そうそう》たるメンバーが憲政記念館に集まった。基調講演で呼ばれたんです。彼が首相になるはるか前です。でも、総理になってからは口を利いたことはありません。

佐高　どちらかといえば、小泉より小沢のほうが近かったんでしょう？

小林　小泉とは、自民党の研修会でも、パーティーで立ち話したときも、別にぶつからなかった。イラク戦争に派兵したときは、僕は公然と批判したんですけど、もう小泉に会える関係ではなくなっていました。

佐高　小泉が今の安倍とぜんぜん違うのは、小泉は批判しても平気なんですよね。

小林　批判されても。

佐高　そう、批判したのに。

小林　僕も、彼を批判した後、新幹線で会ったら「いやあ、どうも」と挨拶されました。

佐高　ＹＫＫのＹＫは？

小林　憲政記念館で会ったとき、小泉とともに加藤紘一もいたのですが、その頃から加藤は不敵な男だなと思っていました。

山崎拓は一〇年ぐらい前に、東京JC（青年会議所）の憲法記念日関係のシンポジウムが文京シビックホールで開かれたときに見ています。櫻井よしこをパネルでやっつけちゃったら、顔面蒼白で目も合わさずに帰ったんだけれど、その出来事の前に、山拓の基調講演を聞いたんですが、つまらない男だと思った。時間は守らないし、ぐだぐだ渦巻くような講演だった。僕はパッと避けて名刺交換をしないで逃げました。

でも、最近の「憲法行脚の会」での早野透さん（元朝日新聞編集委員、現桜美林大学教授）との対談（二〇一五年六月）はよかったですね。人が違ったように、全部の言葉に意味があって聞けた。時間的に無駄がないし、憑《つ》き物が落ちたみたいだった。まともな人だったんですね。

佐高　私もそう思った。竹下登とはどうですか。

小林　昼食会をご一緒しましたが、さすが化け物だなと思いました。気配りがすごい。小渕恵三さんも気配りの人でした。彼はバカにされていたけれど、やっぱり地位がある人は本当に人を見ています。

最近、森喜朗さんの評判が悪いですが、森さんが派閥の長のときに清和会の軽井沢研修にメインゲストとして講演に呼ばれて、評判の悪い彼でもこれほど周囲に気を遣える人だからこそ、この地位にいるんだなと思いましたよ。

しかし、気配りがよいだけでその地位にいるというのは困ったものですよね。地位に就いて権限があって政策的な中身や目標がなかったら、あとは人事で遊ぶか、利権に介入するかしかないですから。

佐高　小渕は、一般的に政策はなかったように言われるけれども、対人地雷廃絶条約に外務大臣としてサインしている。この条約をアメリカは結んでいないんです。アメリカがサインするなと言っているのに、アメリカに逆らって条約を結んだという人なんですね。

それと、森喜朗と加藤紘一の違いというのは、だいぶ前ですが、私は夕刊フジで師弟関係をテーマに連載したことがあった。のちに『師弟』という本にまとめたのですが、森喜朗は大西鐵之祐《てつのすけ》という早稲田のラグビー部監督との関係で取り上げたことがある。森はちょっとだけ早稲田のラグビー部に入っているんですよ。加藤紘一は大平正芳と師弟関係にあるから取材した。

連載が載った後の反応が違った。当時、森は文部大臣だったんですが、すぐ僕の自宅に電話をよこした。加藤は山形の同郷で昔から知っているということもあって、何の音沙汰もなかったんですが。

小林 加藤は二世議員で、しかも、日比谷高校、東大、外務省という鼻持ちならないエリート意識がありますよ。

佐高 宮澤喜一のほうがまだ正直で、加藤は表に出さないけども似たような地がある。

小林 僕の教え子の披露宴で加藤と同席したとき、明らかに見下した態度があるんですよ。僕が、先生と一つだけ共通項がありまして、ハーバードに留学していますと言ったら態度が変わった。学歴しか自慢するもののない政治家なんて最低です。

佐高 それで、加藤に悪いけれども、「加藤の乱」を起こす前に、森が日ソ外交で動いたとき、その働き手だった佐藤優に直接聞いた話ですが、森は自分が首相の座から降りるかもしれないというときに、次は加藤という人間がなるけども、加藤になってもこのパイプはつないでくれとプーチンに頼んだというんですよ。そういうところが森喜朗にはあります。加藤の乱で首相の目はなくなりましたけど。

橋本龍太郎と小沢一郎

佐高　そういえばもう一人、剣道をやる人がいましたね。

小林　橋本龍太郎。彼とはいろいろと縁がありました。細川内閣のとき、今の選挙制度をつくる四人の学識経験者のうちの一人として衆院に呼ばれて、その質疑が終わったら、知人の自民党の職員がつかつかと寄ってきて、橋本が本部でお待ちですと言う。

それで政調会長室で談話したのが、親しく口を利くようになったきっかけです。以来、どこで会っても親しげに話をしました。だけど、あの人は勝ち気な人で、争うべきじゃないときにでも争おうとする。共通の知人の子どもの披露宴で、彼が最初にスピーチして、その後に僕がスピーチした。そうしたら、「小林さん、あんた、俺よりスピーチがうまいな」と。

そんなことといちいち言いにこなくてもいいでしょう（笑）。別に比べるものでもない。そんなところで粋がってどうするの。余計な喧嘩を買う男だなと思った。彼も結局、公より私が中心の人だから、ああいう終わり方をしたんだと思いますよ。

佐高　しかし、私の中では結構、橋龍の点数は高いですよ。元がどのくらいかという問題はありますけれども。

環境庁の企画調整局長だった山内豊徳という人がいるんです。修猷館《しゅうゆうかん》高校で山崎拓と同期なんですが、昔、水俣病で大蔵省（現財務省）と厚生省（厚生労働省）の板挟みになって自殺してしまう。厚生省は何とか金を出そうとしていたけど、大蔵省は金を出さない。その狭間で苦しんだ。そのとき橋本龍太郎は厚生族でしょう。それで、橋龍が遺族にすごくいい手紙を送っているんです。

小林　愛のある。

佐高　私が山内さんのことを書くので、その手紙を遺族に見せてもらった。これは無断で引用するわけにいかないから、許可を求める手紙を橋龍に出した。そうしたら、橋龍が直接、私の事務所に電話をよこした。橋龍が「悪く書くんじゃないでしょうね」といきなり笑いながら言う。「よく書くんだ」と言ったら、「山内は素晴らしい男でした」と二回言いました。そのときは素直だったですね。相手が死んだ人だったからかもしれませんが。

小林　政治家は皆、浪花節の側面がありますね。それがうまくなければ、しかるべき地位にいない。それにしても日本にろくな政治家はいないですよ。今、すべてを失いかけて毒気が抜けた小沢一郎がいいですよ。

佐高　最近も会っていますか。

小林　昔は利用し合う関係でしたが、最近、会っています。

佐高　毒気が抜けていますか。私も一回だけ対談しましたけどね。
小林　過去一年間の小沢はいいです。
佐高　最近、私が小沢と会ったのは、土井たか子のお別れの会です。
小林　さすがに僕は、土井さんのしのぶ会には行く気になれなかった。シンポジウムで同席するのを二、三度拒否されたから。
佐高　それはやっぱり覚悟がいるでしょう。私だってかなり（笑）。
小林　いや、先生に怖いものはないでしょう？
佐高　そんなことはない。誤解されているんですよ。
小林　私には怖いものはないですよ。

櫻井よしこの憲法論のお粗末さ

佐高　櫻井よしこをやっつけたという話がありましたね。
小林　東京ＪＣのシンポジウムでは、僕と櫻井さんやＪＣの役員が並んでいた。ＪＣ側が櫻井さんが年上だから、まず櫻井さんに話を振った。
　すると、櫻井さんが「皆さん、日本国憲法は困ったものですよ」と始めた。「今の憲法は国民の権利ばかりを保障していて、権利は二十幾つもあって、義務はたったの三つと少ない。おかしいじゃないですか。権利と義務は対応してバランスが取れないとおかしい。こんな個人主義憲法がこの国をおかしくしたんです」

僕は困ったなあと思った。保守派の論客同士だからかばってあげようと思ったけれど、仕方がない。僕は専門家だから下手にかばったら、こちらがアウトです。

権利と義務はバランスを取って対応すべきだという意見には、二つの間違いがあります。一つは、憲法の本質がわかっていないということです。憲法というのは、そもそも国家権力から国民を守るという前提があるから、国民に人権を与えて、国家権力はそれを守る義務があるわけです。万一、権力を濫用して国家権力がフライングしてきたときは、国民が人権侵害だとして押し返せるように、国民の側に、身を守るための人権を保障した。これがわかっていない。

権利ばかりでおかしいという論者は、たとえば、僕が佐高先生にお金を貸したとします。僕はお金を返してもらう債権を持っている。佐高先生はお金を返す債務を持っている。債権と債務が対応していなければおかしいでしょうと言う。しかし、ここで見落としてならないのは、権利者と義務者が別人だということです。憲法は国民に権利を保障するものであって、国民が国家に対して人権を持っている。人権を持つ代価として義務を払わなければならないという関係ではない。

もう一つは、憲法の権利にはすべて義務がセットでついているということです。権利ばかりではないんですよ。憲法一二条と一三条を見ればわかるように、権利には「濫用しない義務」「公共の福祉に従う義務」が付いています。公共の福祉というのはわれわれが共存共栄するための安全な社会や環境をいう。わかりやすく言えば、いくら運転することが幸福追求権の行使だとしても、暴走族になって交通の安全を壊してはいけないというような話です。

だから、いかなる人権も公共の福祉には従う義務がある。いかなる人権にも濫用してはいけない義務が付いている。そういう意味では、すべての人権に義務は対応している。櫻井さんの言うことは全然間違っている、と言っちゃったわけです。

そうしたら、櫻井よしこさんは顔から血の気が引いちゃって、挨拶もなしに、僕と目も合わせないで出ていかれました。

佐高　終わった後？

小林　終わった後。ふつう「先生、どうも」とか言うじゃない。発言し終わって彼女の顔を見たら、真っ青ですよ。櫻井さんには週刊誌などで取材されたこともあるのですが、失礼なこともありました。

インタビューで櫻井さんのアシスタントがやってきて、僕が言っていないことを書いたんです。「先生、この決めゼリフ、先生が憲法学者として言ってくれると決まるんだけど」と言うから、「憲法学者としてこういう嘘は言えません」と断ったこともある。

とても嫌だったのは、外国人参政権の問題です。在日韓国人に日本の参政権を与えるということについて聞かれたのですが、「税金を払っている？　ふざけないで。税金は公共サービスの代価なのよ」と彼女は言うんです。僕はそれを間違っていると言っているのに、僕のセリフとしてそれを書かれてしまった。

佐高　ええっ。

小林　アシスタントの記者が取材に来たとき、「そうでしょう？」と言うから、「それは違います。外国人に参政権を与えないのは、日本は日本というメンバーシップ・クラブだからであり、韓国には韓国人というメンバーシップがあるからです。メンバーはメンバーの属する組織と運命をともにしているから、戦争で国が滅ぶとき、われわれは逃げられないけれども、外国人は逃げられる。その違いです」と僕は答えた。国籍が参政権の根拠なんです。税金は公共サービスの代価ではありません。税金の多寡によって公共サービスは異なるんですか？　佐高先生がきちんと確定申告をしているかどうか知らないけれど、僕は一応きちんとしています。

佐高　私もきちんとしています（笑）。税務署なんか、私を虎視眈々《こしたんたん》と狙っているんじゃない？　お上を訴えたんだから。

小林　もし税金が公共サービスの代価であるならば、高額所得者には多くの選挙権が与えられ、低額所得者からは選挙権が剝奪されなければおかしい。他にも、たとえば高額納税者は道の真ん中を歩く。低額の人たちは道の端っこを歩く。生活保護を受けている人たちは道の外を歩くということになる。

何を言いたいかといえば、在日韓国人は納税を参政権の根拠として主張しますが、それは間違っているんです。納税というのはアメリカの最高裁判決にもあるように、過去一年間にその国で稼いだことの代償なんです。稼げば稼ぐだけ取られるでしょう。所得税も住民税も所得に応じて取られる。

ところが、納税を根拠に参政権をよこせというのは間違っていると僕が主張しているにもかかわらず、外国人には参政権を認めない小林ということだけに注目して、櫻井よしこが週刊誌に勝手に逆を書いたんです。違うと言っているものを書いちゃったんだよね。

田中真紀子と決裂

佐高　小林さんと私の人脈は結構、微妙な交錯をしているんですよね。たとえば、田中真紀子なんて交錯していますよね。田中真紀子から毎日のように電話が来た時期があったでしょう。

小林　昼に夜に。夜、人払いをして事務所に訪ねてきたこともある。

佐高　それは外務大臣を辞めた前後？

小林　そうです。

佐高　きっかけは何ですか。

小林　最初は平沢勝栄代議士です。平沢さんが真紀子さんが何か悩んでいるようだから話を聞いてやってくれと言うので、議員会館の会議室で会いました。なぜか中谷元も同席していました。

佐高　わがままなお嬢さんとつき合うのはなかなかむずかしいですよね。

小林　でも、「こんなに話のわかってくださる方はいないわ」と言ってくれて、以来、助言をしたり、ブレーン会議に出たりしました。メディアの批判に対して反論はこうしなさいと僕がファクスを送ったら、彼女が議席でそれを読んでいるのを写真誌に撮られたこともありました。

僕の助言は一貫しています。やましいことは謝る、やましくないことはきっぱり言い返す。それだけです。最初の半年くらいは、僕のところにやましい話は来なかったけれど、最後に来たのは秘書給与のピンハネ問題です。あれは当時どこでもやっていたことですけれどね。

ただ、田中真紀子さんは政治家として育ち損なっていた。つまり、親父さんが娘を育てる前に倒れてしまった。だから、じゃじゃ馬が急に田中家の主になってしまった。

それで、秘書給与問題は、僕に提供された資料を精査する限り、これは当時の典型的な秘書給与詐欺事件であると思ったから、「ちゃんと公表して謝るべきだ」と進言した。謝れば、当時の慣行でもあるし、謝ったことの気っ風のよさで世論は収まるのではないかと思ったんです。しかし、彼女は拒否した。嘘をつき通すと言ったから、僕と彼女は決裂したわけです。

そうしたら、平沢代議士が喜んでね。「先生、あの真紀子がしょげていますよ。先生に怒られたって。もっと怒ってやってくださいよ」と連絡をよこしたけれども、あの女は性格が悪いから反省して僕の意見を受け入れることなく離れていったんです。

佐高　旦那の田中直紀が防衛大臣になる前は、あのじゃじゃ馬を飼っている大変な男だということで、株がそれなりに高かったけれども、大臣になって馬脚を現したら、ガタッと株が下がりましたね。私は真紀子と対談本まで出しました。憲法の話は全然したことがないですか。

小林　まともな話はしたことがないですよ。

佐高　先ほど田中角栄がしつけ損なったという話がありましたが、親父は娘をしつけられないでしょう。

小林　父親はそうでしょうね。でも、親父が健康であれば、あの人に会ってみなさいとか、自分でできなくても必ず必要な人を紹介するというようなことはしていたと思うんです。彼女はかなりお歳を取ってから、誰の指導も受けずに、ネームバリューだけで選挙に飛び出した。

田中角栄とロッキード裁判

佐高　田中角栄という人については、どういう印象ですか。

小林　あの時代の日本は田中角栄なしには進歩できなかったと思います。とてもチャーミングな政治家ですね。今の二世、三世、四世議員とはまったく異なり、本当に苦労して上がってきた人です。しかも、地頭がいい。あの時代と家庭の背景もあって、高学歴者ではないけれども、素晴らしい人材であったと思います。

彼はロッキード事件で逮捕されましたが、僕は、これは国際的な陰謀だと思っています。問題となる資料がアメリカ当局に暴露されるところから始まっているんですよ。職務権限が問われましたが、そもそも総理大臣には民間企業の物品購入について権限はない。田中の政治的影響力や存在のすごさで業者が気を利かせただけで、権限なきことについて収賄にはなりようがない。だから、刑法的にも有罪にすべきではなかった。

彼を有罪にするために、いろいろおかしなことをやっています。日本の検察官がアメリカ人の証言を取りに行くときに、事件にもなっていないうちから最高裁が証言者に対して免責するというお墨付きを与えた。検察は行政で、裁判所は司法です。検察が起訴して、裁判所がそれを受理して初めて事件になる。これでは三権分立の建前が壊れてしまいます。

だいたい、当時の日本には、司法取引の制度はなかった。最近になって、司法取引らしき制度ができたけれど。アメリカで司法取引について常に問題になっているのは、たとえば、二人でつるんで悪いことをして、司直がその悪事を知って司法取引することになったとき、先に白状したほうが許されるから、「あの人がやれと言ったから私はやった。私は実は嫌だったんです」とお互いが言いはじめるわけですよ。そういう不正義があるから、あまり正しい制度ではない。

要するに、田中角栄を有罪にするために、日本の最高裁が事前に、制度にもないお墨付きを与えたから、アメリカの贈賄側の人々は好き放題しゃべったわけですよ。憲法三一条の適正手続きに反するまったくデタラメな裁判ですから、田中角栄は憲法違反の手続きで有罪にされたという理由から無罪だと、僕はずっと思っています。

そういうことを元警視総監で自民党の参議院議員だった秦野章さんに話したら、秦野さんがそれを活字にして有罪派との間で大論争になりました。当時、僕はまだ助教授だったから、そういう高度に政治的な論争には口を出さなかったけれど。

佐高 秦野章は面白い人だったでしょう。

小林 はい。よく飯を食わせてくれました。それで、秦野先生が「小林さんの話に田中角栄も喜んでいた。今度、会わせるから」と言われたその週に、田中角栄が病に倒れてしまった。だから、田中に会いそびれたのはすごく残念です。

佐高　私も娘には嫌というほど会いましたけれど、親父の角栄に会えなかったというのはすごく残念ですね。

小林　同感です。

佐高　私は『未完の敗者　田中角栄』（光文社）という本も書いているんですが、その本を真紀子に渡したら、「敗者？　あ、dentist（歯医者）ね」と言った。そのあたり頭は回りますよね。

小林　ケチな冗談。

佐高　そこにも書いたんですが、田中角栄は女の姉妹の中で育った男なんです。角栄は姉二人、妹二人。私は姉二人、妹一人と、私も女の中の男なんです。

小林　僕は姉一人だけ。

佐高　それはまだ女性に対して強気でいられるんですよ。

小林　女は敵だと思っていないもん。

佐高　それもそう。でも、数が増えて女が上に二人、下一人になると、女性はだんだん敵化するんですよ。冗談ですけど。

ある種の柔らかさを田中角栄は持っている。激しいように見えて柔らかいというのは、そういう家族構成があるというようなことを書いた。田中角栄という人は激しくて喧嘩をしているように見えるけれども、案外、喧嘩をしきれないところがある。

小林 そうね。竹下登が離反したときは、田中はまだ元気だったんだから、とどめを刺せたはずですよね。だから、前に言ったじゃない。僕も人にとどめを刺せないって。

佐高 それは相手に聞かなきゃわからない(笑)。

小泉が自民党をぶっ壊すと言ったでしょう。それは基本的に田中角栄の政治をぶっ壊すという話ですよね。

小林 そうですね。小泉は福田派ですから。

佐高 だから、自民党からある種の奥行きがなくなったのは、そこからなんだと思うんですよ。

小林 限度を超えて壊してしまった。

佐高 小泉は自分で意図せずして、何か大事なものを壊しちゃったんですね。

小林 派閥均衡もなくなりましたしね。

佐高 福田はやっぱり役人ですから、まさにそれこそ岸の直系のように育って、奥行きのある保守の知恵みたいなものを働かす政治を……それを小泉が壊していったんだと思います。

小林　党人政治家というのは、人情の世界を滑ったり転んだりして政治の世界に入ってくるから、論理的には切れないかもしれないけれど、人間的には大きいですよね。それに対して官僚政治家というのは、本当に人間味を感じさせない。

先日、元総務官僚の礒崎首相補佐官とテレビ対談をしましたが、彼は人間に見えなかった。爬虫類みたいでした。

佐高　ああ、礒崎陽輔。「考えないといけないのはわが国を守るために必要な措置かどうかで、法的安定性は関係ない」など好き勝手なことを言っている人ね。

小林　目だけ動いて顔に表情がない。

佐高　小泉は面白い人なんですけれどね。

小林　あれはただの道化役者ですよ。ビジョンも何もない。その瞬間を面白おかしく生きているだけですよ。

佐高　そう。いわゆる賭博師みたいな人。

小林　血筋ですね。

佐高　血筋のせいか、喧嘩の仕方を熟知していますよ。郵政民営化の選挙なんかでも、本来ならば勝ち目のない戦いでした。

小林　あの選挙はすごかったですね。あれで自民党は滅びる、ざまあみろと思ったら大勝利したので、驚きました。

佐高　田中角栄という人は、一〇人の立候補者がいればその中に共産党が一人や二人は入るんだということを体でわかっていますよね。だから、創価学会に対しても、「ああ、法華の人たちね」という受け止め方をして、多様な考え方があることを認めていましたね。

共産党ともつき合う

佐高　あとはタッチしていないのは共産党ですか。

小林　最近、共産党の広報ビデオに出ましたよ。

佐高　全部、制覇しましたね。

小林　日本共産党創立九三周年記念講演会というのがあって、志位和夫委員長の講演会があるらしいですが、そこに部外者からの賛同メッセージをくれというので録画取りしたんです。今の共産党は国会の論戦でいい働きをしているじゃないですか。特に志位さんの話は筋が通っている。

佐高　でも、接触してきたのは最近のことでしょう？

小林　コメントを出すのは最近だけれど、二〇年ぐらい前から共産党の人とはちゃんとお互い情報交換はしています。

佐高　あ、そうですか。共産党にもオープンなところがあるんだ。

小林　いや、共産党の自民党系担当がいるんです。そういう塀の上を絶対落ちないで歩くようなヤツがちゃんといます。

佐高　共産党に？

小林　自民党議員のパーティーに行くと、必ず「先生」と後ろから声をかけてくる。「おう、やっぱりいた」。そういう党公認の人物がいるんです。あるとき、彼に委員長か書記局長に会わせろと言ったら、すぐ書記局長に会わせてくれた。

佐高　山下芳生《よしき》。

小林　彼に護憲的改憲をやれと言ったら、もちろん大反対されて決裂しました。

佐高　残念ながら、私は共産党から今、敵視されている。四、五年も前になりますけれども、小林多喜二祭というのがあって、当時、『週刊金曜日』の社長だった私が呼ばれたんです。その墓前で開かれるお祭りで、共産党の北海道委員長みたいな人が小林多喜二に関係ない話をするわけですよ。北海道の選挙で共産党が伸びたとか伸びないとか、そういう話ばかりする。そのときは黙って聞いていた。

その夜の集会のときに、「共産党は小林多喜二を独占してはいけない」と。「小林多喜二は共産党より大きいかもしれないのに、小林多喜二祭で『小林』の『こ』の字も出ないような挨拶をするとは何事だ」と。「俺はもう二度と来ない」と言ったの。

小林　正しいね。二度と来ないというのは余計だけど。

佐高　そうしたら、会場が半分にきれいに分かれた。ブーイングと拍手にきれいに分かれたんです。それで次の日、赤旗に「佐高信氏の非常識な言動」とデカデカと書かれた。

バブルの頃はやたらコメントを求められたし、座談会にも出ました。でも、今はもうピタッとこない。

小林　共産党も器が小さいな。

第六章　憲法をめぐる現実

日本の会社にはプライバシーはない

佐高　私は憲法のことを話すときに、「会社と沖縄は憲法番外地だ」という話をしてきたんです。沖縄はもちろんのこと、日本の会社もそうだと。

小林　人権がないということですか。

佐高　そう、人権がない。私はサラリーマンのことを「社畜」と書いたりするので、サラリーマンの反感を買っているんですが、小林さんの教え子もたくさん会社にいるでしょう。その人たちから人権がらみの話は聞いていますか。

小林　僕の教え子は基本的に偏差値が高い。それに体育会的に秩序を守るし、権限関係についてはっきり理解しているから上役に楯突かない。上役が責任を取る以上、上役が言うことには従うという軍隊みたいなゼミなんです。そういうゼミで教えられているから、卒業生は、社長か社長の番犬になる人々なんですよ。だから、会社で人権侵害を受けているような話は来ないですね。

佐高　そうですか。会社を途中で辞める人はいないですか。

小林　こういうご時世ですから、辞める人はいます。辞めるといっても、会社や役所で留学までさせてもらっておいて、留学後に辞めるとか、そういう図々しい奴がいるくらいです。大会社からベンチャーキャピタルに移るというケースなどはありますが、いじめられて辞めたという話は聞かないです。そういうのがいれば、同期のつながりがあるから、僕のほうに聞こえてこないはずはない。人権救済の話は来ないですね。

佐高　作家の三好徹の親しい友人の息子に、東大野球部から日立製作所に入った人がいるんですよ。東大野球部の先輩にスカウトされて入社したんですが、その年の九月に自殺してしまった。独身寮に住んでいて、彼が会社に行っている間に、日記から何から私物検査をやられてしまう。組合の集会に出ようとすると、「エリートの君がなぜ」という感じでいじめられたりした。

小林　おお、組合の集会に出て帰ってくる間に私物検査をされるということですか。

佐高　何度も私物検査をされて、ノイローゼになっちゃって、それで自殺するんですよ。

小林　ただ、会社では私物検査をされるということも覚悟しておかなきゃいけないですよね。会社のデスクは会社のスペースですから、机の中には会社側に見られていいものしか入れておかないほうがいい。

佐高　それはそうですが、会社の寮の部屋やロッカーを荒らされたわけですからね。

小林 それははっきり言って会社側のプライバシーの侵害です。民法上の不法行為ですよ。

佐高 それを父親が訴えようとしたけれども、私物検査が自殺の原因だと証明しにくいから無理だということになった。

小林 そうですね。本人の日記でも残っていれば別ですが。

佐高 それで、三好さんが『白昼の迷路』という小説を書いた。もちろん日立とは書いていないんですが、読めば日立のことだとわかる。私は三好さんと対談をしてそんな話を聞きました。欧米の場合は、基本的に社宅というものがないでしょう。

小林 大学の寮はあるけど、そうですね。

佐高 私が調べた限りでは、社宅はないんですよ。

小林 個人主義の国ですよね。そう言われてみると、社宅に入れば、プライバシーも管理されてしまいますね。社宅の中にも階級があってね。

佐高 そうそう。日本航空にいた作家の深田祐介さんと対談をしたときに聞いたのですが、あるとき、社宅で水洗トイレを詰まらせたそうなんですが、下の部屋が上役の住まいだった。すぐに菓子折りを持って謝りに行ったらしいですよ。そうしたら、それ以来ずっと、君と僕は……。

小林　クサい仲。

佐高　それから、社宅の奥さんがまた大変なんですよね。たまに休もうと思って休んだら、社宅夫人がとぐろを巻いて井戸端会議をしていて外に出られないとか。

小林　有給休暇を取るのは権利じゃないですか。

佐高　実際に私は取材で聞きましたが、「会社には憲法などありません」と露骨に人事だか総務の人間に言われたことがあります。

小林　まあ、憲法というのは本来、国家権力と闘うものですから、会社内部での問題は私的自治の世界なんです。

企業ぐるみ選挙

佐高　ただ、企業ぐるみ選挙というものがありますね。企業ぐるみの選挙で会社が推薦候補を決めるという。

小林　小泉とか安倍の時代に、トヨタ自動車もやっていましたね。

佐高　やっぱり引っかかるでしょう。

小林　会社が推薦候補を決めるのは会社の勝手なんですよ。会社の利益になるグループを推薦するというのも自由です。それが嫌な社員は黙っていれば済むじゃないですか。投票箱の中は誰も見やしないんですから。

佐高 ところが、日本の場合はそうならない。

小林 それは両面あると思うんです。会社は推薦候補を出した。自分は自分の好きな候補に投票する。それだけの話ですよ。

佐高 たとえば、選挙の候補者の演説会に半強制的に動員されたりするわけです。

小林 動員されて演説会に行かないといけないわけですか。

佐高 そう、私がサラリーマンを社畜と呼ぶのは、やっぱり自分の自由意思というのがだんだんなくなるということなんですよ。

小林 事実関係がはっきりしませんが、憲法的な問題としてはこういう最高裁の判例があります。労働組合が推薦候補を決めた。しかし、労組の中にいる熱心な創価学会員と共産党員は、確信を持って違った候補者を支持した。そのことが労組の中で糾弾されて、労組の推薦と違う候補を支持したから組合員資格を停止されたというケースがあって、それは最高裁で労組側が負けたんです。

それは当たり前ですよ。労働組合というのは政党ではない。あくまでも労使関係における待遇改善要求団体です。政党というのは天下国家の全体の公益をハンドリングする団体です。国民には表現の自由と参政権と結社の自由があるから、公明党を支持しようが共産党を支持しようが、それぞれの勝手です。それにもかかわらず、待遇改善要求団体にすぎない労働組合が、独自の推薦候補を支持しないからといって組合員資格を停止したら、これは労働者の団結権を自ら否定するものですよ。そもそも僕は、労組が政治活動をするのは、基本的におかしいと思っていますけれどね。

佐高　先ほど両面あると言われたけれど、政党支持の自由の問題は会社にも問われますね。

小林　そうです。会社や労組が推す候補が嫌であれば、従わなければいい。従わないからといってペナルティーを与えてはいけないということです。会社のほうも隠微な形でペナルティーを与えてはいけない。

会社が推薦候補を決めた場合、僕が社員だったら、演説会に来いと言われても、空いていたら行くし、空いていなかったら理由を立てて行かないですね。演説会に行ったとしても、その候補者に投票しなければいい。自分を隠せばいいじゃないですか。

それゆえに何か不利益を被れば、因果関係を立証できるような証拠を準備しておけばいい。「私がこういう不利益処分を受けたのは、なぜですか」とか、「この間選挙の応援に行かなかったからですか。お答えください」というようなやりとりを全部記録しておく。返事がないというのも証拠になります。そういうやりとりをそろえて裁判にかければ、一種の不法行為になると思いますよ。

佐高　小林さんのようにやる人は、たぶん会社にはいられないと思いますけどね。

小林　左遷されるとか。

佐高　いや、会社は入社の段階で羽をもぐという意味です。

公益事業の民営化と憲法

佐高　もう一つお聞きしたいのは、公務員の場合は、待遇改善を求めて政治活動と結びつくケースがありますよね。

小林　それは分けて考えたほうがいいですね。

公務員の労働組合に労働運動が禁止されているのは、人事院勧告あるいは人事委員会勧告制度があるというのも一つの理由ですが、それ以前に、公務員の場合は採算の世界ではないんですよ。民間企業は営利を追求するけれども、公務員の仕事、たとえば、戸籍の管理、犯罪者の摘発、糞尿の処理など、どれも経済上の利益は生まないが、社会の維持に必要不可欠なものです。そういう採算度外視の世界にあるということは、ある意味では民間企業のように賃上げ交渉をする外的条件がないということです。それから、公務員の仕事は代わりが利かない公益性のある仕事だということです。たとえば、僕は横浜市民ですが、市役所で住民票を取ろうとしたら市職労組ストライキで、だからといって川崎市役所に行くわけにはいきません。

それから、雇い主の問題もある。国家公務員の場合は雇い主が内閣で、地方公務員の場合は首長です。内閣や首長と賃上げ交渉をしたとしても、議会の承認がなかったら予算がつかず、お金は出ない。だから、決定権を持っている相手でないから、交渉相手として雇い主は適切ではない。要するに、そもそも公務員は労使交渉になじまないから労働運動が禁止されているんです。

だからといって、公務員は賃上げと無縁でいいというわけではなくて、人事院勧告という、公正なる第三者が世間の経済情勢や民間企業のベース・アップを見ながら勧告をして調整するわけです。

佐高　そういう大前提があったのに、たとえば国鉄は民営化しましたね。

小林　もちろん勧告にすぎず、決定ではないから、参考にするだけにして満たさなくてもいいものです。それに、国鉄の実態は酷すぎた。労働者の私物化でしたから。

佐高　今、小林さんが言ったことは、公というものを大事にした言い方ですけれども、小泉・竹中流のいわゆる新自由主義というのは、公共輸送や郵政を見ればわかるように、どんどん会社に接近しているでしょう。私はあれは民営化ではなくて会社化だと言っています。公の領域を掘り崩していますよね。

小林　鉄道や郵便などは本来、国がやるべきことです。採算によって僻地《へきち》へ行かなくなると困りますから。つまり、そういう事業には最高度の公益性がある。競争させれば安くなると言いますが、小田急線と京王線を競争させても意味がないじゃないですか。民営化したから、民間と同じような労使紛争ができるという議論もあると思いますけれども、やっぱり本来、国がやるべきことを体力のある民間企業に特に許可して行わせるような事業は、公益性が高いゆえに公務員に準じた規制があっても仕方ないですよ。ストライキで電車が止まったら困ります。

佐高　ＪＲ西日本の福知山線の事故が起きましたが、あれはまさにそうですよね。あえて公益性を捨てさせて、競争させたがゆえに安全を無視して事故を起こした。そこのところは小林さんと意見が一致する。

小林　要するに、法人格を日本国有鉄道から株式会社に変えたからといって、公益企業であることに変わりはないのに、それを勘違いしたんですよね。それは経営の間違いです。

佐高　昔、国鉄の分割民営化のときに、北海道のある町の町長が、国鉄が赤字だと言うけれども、消防署とか警察が赤字だと言うのかと反論したという話がありますよ。

小林　それは比較がまずい。消防署は火事と闘い、警察は犯罪と闘うけれども、お金は取らない。鉄道は運送サービスを売ってお金を取って賄えるわけですから、きちんとした経営ができれば赤字にならないはずなんですよ。適正価格を受け取り、きちんと原価と利益を配分すれば、バランスは取れるはずなんです。

佐高　組合の問題なのか、相手の国の問題なのか。いろいろ意見は分かれるところでしょう。

小林　旧国鉄は採算を度外視して労働者に配分しちゃったからでしょう。

佐高　しかし、あのとき中曽根康弘は、国鉄労組つぶしだと明言したんですよ。

小林　労組が行きすぎたからじゃないですか。

佐高　そのあたりは意見を異にするけれども。

小林　最近も北海道でＪＲの鉄道事故が起きましたが、あれはいまだに労組中心の気風が残っていたからです。僕は女房が北海道なんですが、北海道へ行くとJR北海道は緩いなと感じていました。脱線しそうな場所があっても放置されていたというのは、いかに労働者が月給だけもらって働いていなかったかという証拠です。のさばりすぎた労働組合に対処するには、法人格を変えて、いったん会社をつぶして、全員を解雇してまともな者だけ再雇用する形にしないと、できなかったと思いますよ。すごい闘争が残ってしまいましたが。

佐高　ハレーションが大きかったですよね。

小林　行きすぎていたものを戻すときには反作用がありますよ。

佐高　公共事業のままで経営を立て直す道もありましたね。民営化するのではなく。

小林　それも考えたでしょう。しかし、ドラスティックな改革にしないと、行き過ぎた労組支配は直せないというのが、当時の政策判断だったと思うし、僕はそれで正しいと思いますよ。

佐高　労働組合つぶしという側面についてはどうですか。

小林　もちろん、それはあります。自民党サイドからすれば、野党のスポンサーをつぶそうというのはあったと思う。当たり前ですよ。

佐高　公務員の争議権一つとっても、欧米と日本ではかなり違う。

小林　ええ、国によって違います。カナダには公務員に争議権がありますから、電車やバスが止まったり、ごみが収集されずに町中が臭かったり、決して住みよい社会じゃないですよ。

佐高　先日、長野の消防の人たちの集まりで講演したら、消防署というのは組合をつくれないから組合ではないけれども、組合のようなものを持っている消防署もあるようですね。

小林　公務員に団結権はあるんじゃないですか。交渉権を与えたら、交渉中に話が決裂すれば争議することになりますから、交渉権と争議権はない。でも、福利厚生など共通の利害を整理するしくみはつくれると思います。警察にも警察官の互助組織はあります。

労働基本権には、労働組合をつくる団結権、賃上げ交渉や待遇改善交渉をする団体交渉権、交渉がうまくいかない場合に対抗手段としてサボることができる争議権の三つがあります。三点セットで憲法で保障されています。

派遣労働問題と竹中平蔵

佐高　最近、ブラック企業という言い方で質《たち》の悪い会社が取り上げられている。前よりも労働環境はひどくなっていると思いますが、こういう問題は憲法とあまりなじまないですか。

小林　これはなかなかむずかしい話です。繰り返しますが、憲法は国民が国家権力と闘う場合の武器です。会社というものは国家権力ではない。労働者は会社に対して憲法上根拠のある労働法で具体化された労働基本権で闘うべきであるということとなります。だから、バカ社長と社員やアルバイトの関係は私的な不平等、私的な弾圧の世界であって、民法や労働法で処理する問題なんです。直接、憲法問題ではない。

ただ、ブラック企業がのさばるような法制度を国がつくっていたとしたら、その立法が憲法違反であるということは確かでしょうね。

佐高　最近では、労働者派遣法の改正で揉めている。企業がその気になれば派遣労働者を無期限に使い続けられることも可能だと批判されています。たとえば、派遣労働を拡大する法律ができたことによって、その労働環境が悪くなったとすれば、憲法的にはどうですか。

小林　立派な憲法違反です。労働者の生存権を害するような法律をつくってしまった。これは憲法が許さない立法である。立法行為が違憲になります。

佐高　残念ながら、あまりそういう声は聞かれないですね。

小林　それははっきり言って、憲法に関する教育レベルが低いからですよ。僕は瞬時に、これは憲法問題だと思ったけれど、言っても通じないと思ったから言わなかっただけです。戦後の日本は憲法教育がきちんとなされていない。これは護憲派の責任です。

佐高　なるほど。ある意味、慶應の同僚である竹中平蔵みたいな存在がよろしくないわけですね。竹中はパソナグループの会長という立場もあるわけですが、大学教授の兼職はいいんですか。

小林　国公立では教官が特定の私益（私企業）に与《くみ》することはできないけれども、私立大学の場合は、職務専念義務を例外的に免除してもらえば、兼職することはできます。大学教授の場合は、他の勤め人と違って、フルタイムで働いて月給をもらっているわけではない。講義やゼミをする以外は空いている時間がある。学問に有益なものだと認められるならば、フィールドワークや兼職を許すという教授会決議をもらえばいいんです。だから、僕も在職中に弁護士、会社の監査役や財団の理事などをやりました。

佐高　それでも大学教授のペイより兼職先のペイが上回るということはないでしょう？

小林　そうでしょうね。

佐高 でも、竹中の場合は、明らかにパソナ会長のほうが上回っているんですよ。そういうものも問題がないですか。

小林 彼は大学の本部直属の教授のはずです。学部に所属すると、学部の教員として教授会や授業の拘束があるじゃないですか。大学直属の教授の場合は、おそらく肩書とオフィスをもらうだけで、講義負担などはないと思います。でも、そういう人は特別な人です。アメリカのキッシンジャーはジョージタウン大学のそういう教授でした。講義負担がない代わりに、給料はおそらく特任教授と同じくらいで、ふつうの教授より低いでしょう。逆にいえば、肩書においしさがあって、自由に動けますよね。

ただ、彼の場合は、経済学という学問の性質上、会社の経営にタッチするということはフィールドワークの一環として、彼の大学における学問にフィードバックされるという理屈はつけられますよ。

佐高 私は皮肉を込めて、彼の肩書を慶應義塾大学教授と書くのは間違いであると言っています。竹中を慶大教授と書いたらジャーナリスト失格だと。パソナ会長と書くべきだと。

小林 収入の多寡でそれを言うのは、僕はおかしいと思うんですよ。彼の価値で決まるのではないですか。つまり、政府委員として社会的に暗躍する彼を見れば、政商のごとき学者じゃないですか。御用学者としての彼は、まさにパソナにとって都合のいい法制度をつくることを誘導しているじゃないですか。そこを捉えてこいつはパソナの会長である、と言うべきだと思う。

佐高　政商ではなくて学商。もちろん私はそういうつもりで皮肉を言っているんですけどね。

法律家の実態

佐高　最近、弁護士会から講演によく呼ばれると言われていましたね。

小林　多いですよ。二〇一五年に入ってから、東京弁護士会にはもう三回ぐらい呼ばれていますよ。東京第二弁護士会、新潟、名古屋、京都、鳥取などの弁護士会には二回呼ばれているし、札幌、秋田、大阪、兵庫、福岡、高知、山梨、長崎、香川にも呼ばれた。サッと思いつくだけでもこれだけ出てきます。記録を取っていませんが、よく弁護士会には行きますね。

佐高　いつぐらいから。

小林　九六条騒ぎ以来多いです。憲法改正のハードルを下げようという動きがありましたよね。それを機に忙しくなったように思います。

佐高　弁護士会というのは、昔はもう少し影響力があったんじゃないですか。

小林　おっしゃるとおり。最近は、弁護士会が何を言おうと無視され続けていた。ところが、僕とコラボレーションすれば、メディアが取り上げてくれるということにはっきり彼らは気づいたわけです。今、小林節は使いようがあると。

佐高　今まではあまりそうではなかったですか。

小林　弁護士会といったら幹部の多くは左翼でクレサラ（多重債務）問題などをやっていたけれど、僕は右翼でクレサラ問題はおかしいと言っていたから、天敵みたいなものでした。

佐高　宇都宮健児とか。

小林　昔は道で会っても小林節と目を合わせちゃいけない間柄だった（笑）。宇都宮先生がふと顔をそむけた。今は違います。

佐高　影響力が落ちたというのは、弁護士会だけでなく、弁護士会を含む司法そのものが力を失ってきたということでもありますよね。

小林　やっぱり司法が特殊、マニアの世界というか、世間からわかりにくい世界になってしまったと感じますね。そうしている間に、政治が憲法を無視してのさばりはじめた。さすがに腹が立って声を上げても、もうメディアも取り上げなくなっていた。街でビラを配っても誰も取り合わなくなっていた。

佐高　弁護士というのは法曹界の中ではまだ現実に近い人でしょう？

小林　そうでもないです。弁護士は結構、非現実の世界にいるんです。われわれは医者には一生に何回もかかるけど、弁護士のお世話になることはめったにないでしょう。

弁護士というのは、会社の顧問弁護士の場合だと、基本的には威張って顧問料をもらっていればよく、会社のアクセサリーみたいなところがあります。それでも会社の紛争を扱う弁護士はまだしも、その他の弁護士は社会の病理現象の中にいるクライアントを相手にすることになります。本当につまらない争いの代理人じゃないですか。だから、弁護士は社会のひどい側面だけをよく知っている。生活のためとはいえ、お金でももらわなければやっていられないですよ。弁護士がそのフラストレーションを解消するために深酒するのもよくわかる。いわば外科医や内科医と違って、精神科医に近い世界ですよ。社会の病理を扱うわけですから。

佐高　なるほど、表現として面白い。そうすると、弁護士は現実に関わっているようで関わっていない？

小林　特殊な世界に住んでいるということです。坊主の場合は、死んじゃった人が相手だからかみつかれることはない。弁護士の場合は、依頼人がかみついてきたりすることもあれば、依頼人の相手がかみついてくることもある。

佐高　刺されたりする場合もありますよね。小林さんはアルバイト的にやっていた？

小林　「ついでに弁護士」ですね。

佐高　今まではね。

小林　弁護士であることが最大の自慢ですという人が聞いたら、「ついでに弁護士」なんて失礼な話だけど、僕は「ついでに弁護士」だからよかったんです。好きな案件だけを引き受けています。ギャラを断ったり、客を追い返したりしていますよ。僕はやっぱり教授なんです。

佐高　法曹界には社会性のなさが感じられるときがありますよね。何年か前に、京都の弁護士会に呼ばれた。法曹一元化についてのシンポジウムだというんですよ。法曹一元化とよく言うでしょう。

私は「こんな言葉は一般には通じませんよ」と言ったんです。「NHKと民放を一緒にするのかという話だと一般の人は思う。それを法曹一元化と麗々しく掲げて、それで社会に通用すると思っていたらおかしいですよ」と指摘しましたが、そういう鈍さがあるでしょう。

小林　法曹一元化というのは、これはアメリカの制度のようにしようという話です。要するに、アメリカは法曹資格を持った人がとりあえず弁護士会登録して、その中から裁判官や検察官を任命したり、あるいは選挙で裁判官や検察官になるんです。アメリカはもともと一元化されているんです。

だから、ちょっと目立って選挙に出てみようかというような野心家の弁護士が、選挙で立候補して裁判官や検察官になって、名判決を出したり、悪い奴を検挙して記者会見で威張ったりして、有名になって上院議員選に出たりするんですね。

佐高　へえ。

小林　その制度を日本でまねようとしても、日本の場合は、弁護士というプールがあって、そこから裁判官と検察官を取る制度ではないじゃないですか。法曹資格を取ったあと、どちらかというと学力平均値の高い人が裁判官と検察官に行き、終身雇用の官僚になっていきますが、アメリカの場合は任期制だから裁判官も検察官も終身雇用ではありません。

佐高　なるほど。

小林　このように弁護士、裁判官、検察官という三つの職種が交流することによって、社会常識を持った判決が出ると考えられているんです。逆に、社会常識を持ちすぎていて賄《わい》賂《ろ》を受け取ってしまう裁判官がいたりすることもあります。ふだんからお礼をもらっている弁護士が裁判官になったりしますから、自分の関係者が裁判の当事者になっていたときには、気が利きすぎることもありうるわけです。一長一短ですけれどね。

佐高　一般人と飲んだりしたらまずいんでしょう。

小林　日本の裁判官は間違っても町の居酒屋なんかには行きません。裁判官は世間と接触しないようにしているじゃないですか。世間と接したら、横からお酒を注いでくれた酔っ払いが翌日法廷にいたりするとまずいからです。だから、裁判官はごく最近まで、裁判官室で一升瓶から茶碗にお酒を注いで飲んでいたというような不気味な世界なんです。

裁判官の教え子の披露宴に行くと、主賓のメインテーブルの八席のうち、僕一人以外は七人全員が裁判官ということもありました。ちょっと気持ち悪い。何を考えているかわからない。目つきが違うんですよね。酒を飲んでニヤニヤ笑っているという感じです。だから、外国で裁判官が少女買春をやっていたことが発覚するケースが出てきても、なるほどとうなずけたりしますよ。

佐高　国内ではおとなしくても、海外に出るとはじけちゃうわけですね。

小林　検察官もこれまた変です。自分は社会正義の担い手、スーパー・エリートだという雰囲気を漂わせています。人を見たら泥棒と思えという感じですよ。そういう職業裁判官や職業検察官と弁護士が人事交流しようというのが法曹一元化の話です。

ただ、弁護士は弁護士でちょっと不気味な人がいっぱいいるじゃないですか。人生で弁護士バッジを持っていることだけが唯一の自慢の人。チャーミングさで女を口説くんじゃなくて、弁護士バッジで口説いたりする。

佐高　だから、憲法というものになじみがないのは、日本の法曹界があまりに世間と隔絶されていたということも一因としてありますよね。

小林　弁護士会というのは、どちらかというと左翼活動に専念しすぎたと思いますね。つまり、行政府や立法府が社会の現実に対応して自衛隊を整備していくのに対して、法曹界は「自衛隊は、そもそも違憲ですよ」と頭ごなしに言う人々の集団だったじゃないですか。だから、「彼らは放っておこう」という扱いを長いこと受けていたということです。

僕に今、発言権があるのは、ちゃんと自衛隊を合憲だという前提で議論してきて、今回はちょっとやりすぎでひどいんじゃないですかと言っているからだと思います。

専門用語に安住する専門家

佐高 小林さんと話していると、あまりテクニカル・タームを使いませんね。

小林 テクニカル・タームを使わないから、僕のことを無教養だと言う人が昔はいました。しかし、かみ砕いて焦点がわかるように言えなかったらプロじゃないですよ。

佐高 そういうことを言う人がいた？

小林 いるんです。そちらこそバカじゃないかと思うけど。

佐高 なぜ、そんなことを言うのだろう。

小林 専門用語を駆使することがプロだと思っているわけですよ。

佐高 やっぱりいろんな人にわかってもらえる話をしなければダメですよね。

小林 そう、意味ないですよ。当たり前の話ですが、僕だってテクニカル・タームは山ほど知っています。言葉の定義もしっかり頭に入っている。でも、それだけでは専門家の世界にとどまってしまって社会に何も還元できない。わかりやすく伝えられなければ意味がないじゃないですか。

僕はハーバード・ロー・スクールの教授たちの姿を見て感動したわけです。彼らは天下の大秀才であるけれども、社会の最先端から問題を投げかけられるような存在でなければいけないし、投げかけられたら答えられなければ意味がないと考えている人々だったんです。自分たちの学識を抱え込んで、学生の前で威張り散らして、それを墓場に持っていっても仕方がないと、僕はハーバードの教授たちを見て思いましたね。そうあらんとして生きてきて、そうなったような気がします。

佐高　日本のスーパー・エリートと思われている人たちは違いますね。

小林　そうそう。日本の先生方は、マスコミや政治とはつき合わないという姿勢ですよね。専門用語の世界に安住して、専門用語を使うことでバリアーを張っている。

佐高　専門用語の世界に閉じこもるから、影響力を持ちえなかったんでしょうね。

小林　そう思います。法律学はいわば「他国の言語」ですよ。

佐高　なるほどね。ハーバードの人たちが書くものもそうですか。

小林　彼らはメディアに晒されているから、メディアに通じる言い方しかしない。アメリカ人はもともと理屈っぽくないですよ。

今回、僕は気づきました。日本人もみんな本当は目立ちたいんだと。図らずも（二〇一五年）六月四日の憲法審査会で憲法学者が注目を浴びる格好になりました。そして、「合憲としている学者もいっぱいいる」という菅官房長官の発言があって蓋を開けてみたら、それが三人しかいなかった。それ以来、嫌味なアンケート調査が憲法学者にガンガン来て、皆さんはそれにバンバン答えて、しまいには国会の前で並んで演説する人々も出てきた。やはり、人間というのはいいことで注目されたいんです。

佐高　確かに、「立憲主義」と言っても、何も言ったことにならないですよね。学者や弁護士が憲法の話をするときによく使いますけども。

小林　そうなの。専門家は「立憲主義」という言葉だけで納得しているんです。立憲主義という言葉を専門家は決めゼリフだと思っているが、世間の人はそうは思っていない。立憲主義と言うだけではイメージが湧きませんよね。一般の人は「何、それ？」という感じですよ。「政府のやっていることは憲法違反です。憲法を無視しています。憲法は政府を縛る法なんですから、おかしいじゃないですか」と言ったら人はついてきますよね。

佐高　そうだと思う。

小林　「立憲主義」でうなずき合っていても意味がない。本当に不思議そうに何度も言われましたよ。「先生は立憲主義という言葉を使わないですね」とか、「先生の教科書を見てみましたが、立憲主義という言葉を一言も使ってないですね」とか。それに対して、僕は「当たり前だろう。憲法を語れば、すべてが立憲主義なんだから、改めて言うことでもないでしょう」と答えています。

おわりに

小林節さんとは、ほぼ十年前に初めて会ったのだが、改憲派を代表する論客の彼ほど、私のそれまでのイメージと違った人もなかった。その驚きを私は当時、次のように書いた。
「小林さんは田中真紀子さんの〝弁護士〟をやめた人で、私はまだ彼女とつきあっている人」

護憲派と改憲派が論戦するシンポジウムで一緒になった私は、このようにその違いを紹介して、彼の出方をうかがった。

ところが、小林さんはその後、次々と私が深く頷くような発言をするのである。民主党の代議士を前に、民主党の憲法改正案は鳩山由紀夫氏が自分のところに持ってきたものに朱を入れたもので、内容は自民党案と大差ないと暴露して、民主党の代議士をあわてさせる一幕もあった。

彼の発言を曲げずに紹介するために、『週刊金曜日』の二〇〇四年六月十八日号で展開している彼の「(イラク)派兵反対メッセージ」から、引用させてもらおう。

「根本的には、今回の派兵は『非』戦闘地域に派遣するという法律、ひいては憲法をないがしろにしています。主権者である国民をだまし、国家運営の基本である『正義』の原則をないがしろにしています。これでは民主主義の崩壊です」

法治主義さえ踏みにじる政治家に呆れたということだろう。次の憲法九条観についても、私はほぼ異論がなかった。

「憲法とは、国家権力者をフセイン元大統領のような独裁者にさせないために、主権者国民が課した枠です。それなのに、日本政府は簡単に嘘をついて一線を踏み越えてゆく。〝オンボロ自動車〟と彼らが言う今の憲法九条でさえこうなのですから、私が考えた改正で、〝最高のスポーツカー〟を与えたら、彼らがいったいどう乗り回すか怖い」

卓抜な比喩だろう。いわば自分が教習所の講師として「免許」を与えてしまった政治家たちが「暴走運転」をし、次々と「交通事故」を起こすことに小林教授はたまらなくなったのだ。

「今の政治家は民主主義を心得ず、権力は国民から預かっているという感覚がない。役人に屁理屈を立てさせて、思い通りにしてしまう。戦前の官僚・元老・軍閥・財閥を見る思いがします。それに対して、国民が意外ともろいですね。年金問題でも有事法制でもそうですが、奴隷根性の民族なのか、どうも〝お上〟に弱い。米軍がアブグレイブ元刑務所でイラク人を虐待したように、権力は腐敗するのだから、常に監視の目を向けなければなりません」

私などと違って保守を自任する小林さんのこうした意見に、政府・与党の政治家はきちんと答えなければならないだろう。

「霞ヶ関をしたがえ、永田町でいばっている自民党を野党にし、心と頭を洗い直させる。人権と平和と福祉の党と言いながら、利権の分け前を受け、明らかに自民党の一部となっている公明党にも反省してもらいたい」

十余年前の小林さんの提言は現在も有効である。

もちろん、小林さんと私の間に改憲と護憲の違いはあるが、憲法そのものを壊す安倍晋三流の「壊憲」には反対するという思いは共通している。

そんな「思い」に着目して、いつか小林さんは何と『産経新聞』の書評で、福島みずほさんと私の共著『神は「憲法」に宿りたまう』（七つ森書館）を取り上げてくれた。そんな茶目っ気もある小林教授と共に、これからも「壊憲派」をノックダウンする運動を続けていきたい。

二〇一五年八月七日

佐高信

対談構成　高瀬康志

【著者】

小林節（こばやし せつ）

1949年東京都生まれ。慶應義塾大学名誉教授、弁護士。法学博士、名誉博士（モンゴル、オトゥゴンテンゲル大学）。77年慶大大学院法学研究科博士課程修了。ハーバード大学ロー・スクール客員研究員などを経て、89年から2014年まで慶大教授。著書に『「憲法」改正と改悪』『白熱講義！ 集団的自衛権』『憲法改正の覚悟はあるか』など。

佐高信（さたか まこと）

1945年山形県生まれ。評論家。慶應義塾大学法学部卒業。高校教師、経済誌編集長を経て執筆活動に入る。「憲法行脚の会」呼びかけ人の一人。「週刊金曜日」編集委員。著書に『安倍政権10の大罪』『未完の敗者 田中角栄』『この人たちの日本国憲法』など多数、共著に『安倍政権を笑い倒す』など。

平 凡 社 新 書 7 8 9

安倍「壊《かい》憲《けん》」を撃つ

発行日——2015年9月15日　初版第1刷
　　　　　2015年11月11日　初版第3刷

著者———小林節・佐高信

発行者——西田裕一

発行所——株式会社平凡社
　東京都千代田区神田神保町3-29　〒101-0051
　電話　東京（03）3230-6580［編集］
　　　　東京（03）3230-6572［営業］
　振替　00180 0-29639

印刷・製本—株式会社東京印書館

装幀———菊地信義

ISBN978-4-582-85789-4

NDC 分類番号323.14　新書判（17.2cm）　総ページ200

平凡社ホームページ　http://www.heibonsha.co.jp/

平凡社新書　好評既刊！

747 金正恩の正体　北朝鮮　権力をめぐる死闘　近藤大介

豊富な取材網を駆使して北朝鮮の権力内部の最深部を生々しく描くドキュメント。

753 学校と暴力　いじめ・体罰問題の本質　今津孝次郎

教室にひそむ「暴力の芽」を軽視し、事件後の対応に終始する教育界を鋭く突く。

758 下町M&A　中小企業の生き残り戦略　川原愼一

赤字でも事業価値はゼロではない。売り手買い手双方にシナジーを生む再生術。

762 「君が代」日本文化史から読み解く　杜こなて

「君が代」を不幸な固定観念から解放し、新視点のもとに見直す画期的な試み。

772 ゴーストライター論　神山典士

佐村河内事件をスクープした大宅賞作家が描く、知られざる「職人技」の世界。

774 『日本残酷物語』を読む　畑中章宏

宮本常一らが新たな民衆像を求めて描こうとしたのはどんな「日本」だったか。

775 日本仏像史講義　山本勉

日本で独自の展開を遂げた仏像の美の歴史を新書一冊で簡潔かつ的確に語る。

776 慰安婦問題の解決のために　アジア女性基金の経験から　和田春樹

「未完」に終わったアジア女性基金を振り返り、問題解決への道筋を示す。